特级教师研究书系
第二辑

# 难物理中走出来的活教育
## ——梁学军教育思想研究

刘义国　孙丹／著

教育科学出版社
·北京·

# 丛 书 序

　　"特级教师"是国家为表彰特别优秀的中小学教师（含幼儿教师和中职教师）而设立的一种荣誉称号。在 20 世纪 50 年代中期，特级教师制度有了雏形。1956 年，为解决中小学教师工资待遇低的问题，北京市进行了教育事业工资改革，评选出了一批中小学特级教师，提请当时的中央人民政府政务院审查批准，并在工资待遇方面给予这些特级教师以特别提升，截至 1966 年，北京市共评出了特级教师 40 余名。之后，评审活动由于"文化大革命"而停止。① "文化大革命"结束后，在 1978 年 4 月召开的全国教育工作会议上，邓小平同志指示："要研究教师首先是中小学教师的工资制度。要采取适当的措施，鼓励人们终身从事教育事业。特别优秀的教师，可以定为特级教师。"② 同年 10 月，教育部和原国家计委联合颁布了《关于评选特级教师的暂行规定》（以下简称《暂行规定》）。颁布《暂行规定》，是为了提高教师的政治地位和社会地位，增强教师的光荣感、责任感，使他们能长期坚守教育工作岗位，我国从此正式建立了特级教师评选制度。1993 年 1 月 10 日，原国家教委对《暂行规定》进行了修订，颁布了《特级教师评选规定》（教人〔1993〕38 号，以下简称《规定》）。在《规定》的第二条指出："'特级教师'是国家为了表彰特别优秀的中小学教师而特设的一种既具先进性，又有专业性的称号。特级教师应是师德的

---

　　① 《中国教育事典》编委会．中国教育事典：初等教育卷 [M]．石家庄：河北教育出版社，1994：268．
　　② 邓小平．在全国教育工作会议上的讲话 [M] //邓小平．邓小平文选：第二卷．2 版．北京：人民出版社，1994：109．

表率、育人的模范、教学的专家。"由此，我国的特级教师制度日趋完善。

透过我国特级教师评选制度建立的历史沿革，我们可以看到，特级教师评选制度从最初为解决中小学教师待遇问题而仅限于北京市的"一种非制度性的评选活动"[①]，到作为一种全国性规范制度的正式建立、完善和进一步发展，至今已有50多年的历史。1978年改革开放以来，我国的政治、经济、文化、教育，特别是师资水平都发生了巨大的变化，相应地，特级教师评选制度也得到了逐步的发展和完善。特级教师评选制度在全国各省市、自治区的实践表明：特级教师制度对调动教师积极性，提高教师社会地位，改善教师的待遇确实起到了积极作用；也让中小学教师中一批特别优秀的教师脱颖而出，成为进行教育教学改革实践、提高教育教学质量的领军人物。因此，"特级教师"往往被我国中小学教师视为其职业生涯的最高荣誉，也成为广大中小学教师所向往和追求的目标。

随着特级教师评选制度的建立与实施，特级教师研究已成为教育研究的一个新领域。30多年来，很多专家、学者以及特级教师本人都在积极探索特级教师成长的规律，总结特级教师的教育教学思想，对特级教师经验开展个案研究，探讨特级教师标准与特级教师评选制度等。这些研究对特级教师的经验作了许多概括，取得了显著的成效，也提出了不少具有实用价值的建议。但同时我们也看到，由于特级教师研究起步晚、关注度相对不高，其研究成果的水平和质量与人们的期待还有较大的差距。总体来说，特级教师研究还存在研究内容单一、研究方法简单、研究水平有限、研究视野较窄等问题，在许多方面都有待深入探讨。

为了更好地总结北京市特级教师的成长规律，提炼特级教师先进的教育思想和教学理念，提升北京市中小学教师的专业发展水平，推动北京市中小学教师队伍建设，培养一批国内知名的中小学教师，造

---

① 王芳，蔡永红. 我国特级教师制度与特级教师研究的回顾与反思［J］. 教师教育研究，2005（6）：41－46.

就一批教育家，北京市教育委员会于2008年开始设立了"北京市特级教师推广计划"专项研究项目，委托北京教育科学研究院教师研究中心具体负责实施该项目。项目组精心组织了研究团队，成立了《特级教师研究书系》丛书编委会，并决定陆续出版该项目的特级教师研究成果。

项目组根据北京市教育委员会的要求，设计了统一的研究思路与研究方法，确定了研究的内容。项目组为每一位入选的特级教师组织成立了独立的子课题组，并确定了总访谈提纲。在总访谈提纲下，各个子课题组根据研究对象的特点适当调整具体的、富有操作性的访谈提纲。在研究方法上，项目组主要采用了生活史的研究方法。这种生活史的研究方法认为，教师过去所经历的一切生活内容，会慢慢发展成为足以支配教师日后思考与行为的"影响史"。在探讨特级教师的专业成长史时，项目组没有直接从普遍知识、专业技能角度出发去探寻特级教师成长、发展的普遍规律，而是从特级教师个人的生活史出发，将其作为研究与解读他们专业成长的重要视角；重视这些特级教师专业成长的个人生活根源，关注他们个人的经验、情绪、价值在成长中的重要作用。同时，项目组也结合了大量的第一手访谈资料以及特级教师本人的相关文本文献和视频资料等来进行研究。我们从国家对特级教师的界定和要求出发（即特级教师是师德的表率、育人的模范、教学的专家），将对特级教师的研究划分为四个维度：成长史、教育教学（管理）思想、师德和影响力。这四个维度构成了我们研究特级教师的主要内容。丛书中的每一本专著都是以上述四个方面的内容来呈现研究成果的。

我们衷心希望，项目组的研究成果能够从一个新的视角探寻特级教师成长的规律与机制，推动特级教师研究的不断深入，提升特级教师研究的质量；同时，我们也期待《特级教师研究书系》的出版，能对首都及全国广大中小学教师的专业成长具有一定的启发意义！

"北京市特级教师推广计划"项目组

2009 年 9 月 10 日

# 目 录

## 思想：难物理中走出来的活教育

## 师德：修身为先，育人为本

# 引　言

　　2009 年 11 月 16 日，梁学军作为特级教师评审专家组的专家，参加了北京市 2009 年特级教师评定工作。台上申报教师以不同方式展示自我的场景顿时勾起了梁学军对 4 年前自己申请特级教师做陈述时的情形的回忆。尽管时间变了，场景变了，心情也因角色身份变化而发生了变化，但是对于物理学科教育教学的热爱和思考却一直伴随着梁学军，从未改变。

　　在 12 位申报教师陈述各自成长的道路、展示说课才能、进行学术答辩的时候，梁学军大脑中时而浮现起一幕幕自己成长的画面，时而也打出了一连串问号：如果是自己将怎样呈现？从物理学科教学知识结构看，何种展现形式更加科学？结合现在学生的实际状况看，需要做哪些调整修改？怎样解决中间可能出现的问题？如何加以改善？尽管已经成为物理学科教学方面的专家，梁学军还是习惯于以一个学习者、探究者的角色不断追问自己一些问题，正是通过对物理教育教学的不懈思考和深入研究，梁学军丰富并拓展了中学物理教育教学内容和方法。

# 成长：
## 苦学实干中成长为"土专家"

梁学军不仅是一位出色的物理教师，而且还多才多艺，能写会画、能歌善奏。这与他幼年时期的成长学习经历是分不开的。幼年时种下的爱动手、爱学习的种子，在梁学军成为教师之后开始收获果实，给他的专业发展奠定扎实的知识基础。从事教育教学工作之后，梁学军从看似贫乏的生活中汲取教育教学的智慧，在反思性物理改革实践中不断提升自身教学技能，创新物理实验方法。梁学军对学生的爱、对物理教育教学的爱已经融到他的一言一行中，成为他职业人格和个性的一部分，他对待每一个学生，都像辛勤的园丁精心呵护树苗，浇灌并欣赏着每一棵树苗一天天长成为参天大树。在辛勤的工作中，他心怀满腔热忱，感受生命成长的充实和幸福。

# 一、特级教师"小档案"

梁学军的小档案更像是他的一幅素描，朴素而多彩的童年，辛苦和快乐的学习生活，构成一幅幅动人的画面。正是这一幅幅看似简单的画面开启了他丰富多彩的教育教学生活，让他变得与别的教师不同，朴素但又独具风格，话不多但非常精辟，好说话但又较真儿。

## 1. 家学渊源

1962 年 11 月，梁学军出生于顺义县①城关镇一个普通的农民家庭。家里兄弟姊妹共六人，他在家里是老小。作为老小，家里人对他都比较疼爱和关照，因而尽管家里并不富裕，但梁学军从小过着相对自由而温馨的生活。

梁学军的祖父曾在北京城里经商，后因战乱离京回乡，他是一位博古通今的商人。外祖父是皇亲，祖上过去担任过皇粮庄头，负责为朝廷收取北京东北一带的粮食。外祖父曾经也在北京、天津经商，由于外出经商的关系，外祖父去过很多地方，见多识广。外祖父看的书

---

　　① 现为顺义区，1998 年 12 月，经国务院批准撤销县制，设立顺义区。

籍也很多，对古今中外的风土人情、历史典故知道的特别多，而且记忆力很好，什么前三门的历史，什么"里九外七皇城四、九门八典一口钟"，八国联军火烧圆明园，还有相传张之洞的对联①，等等，外祖父总能娓娓道来。小的时候，每当外祖父来到梁学军家里，梁学军总会缠着他讲故事，外祖父也非常愿意给他讲这些故事，有时，外祖父还会找一些有意思的书来让梁学军背诵。

梁学军回忆说："外祖父讲的那些典故性的故事，以及背后所隐含的历史性知识对我的影响比较大。直到现在，我对这些方面的内容特别敏感，这也是老一辈传下来的一种知识，我甚至一度也想考证它们是否真实，但其实不管它们是真是假，总是有一定价值的。"

梁学军的父亲上学不多，上到三年级时，由于家里面特别困难就辍学回家了。但是他非常喜欢读书，家里有节余的钱就去买书，买了很多不同方面的书。受父亲影响，梁学军小时候就爱读书，父亲的书基本都看过，尽管有些内容当时并不完全懂，但他还是喜欢看。闲暇时父亲还喜欢写写书法，画点儿画。梁学军小时候经常看到父亲拿着纸在墙上画画、写字。父亲的草书写得很好，家里面也挂了一些。父亲写书法时选的内容，都是很经典的美文，有《陋室铭》《滕王阁序》《道德经》等，这些美文的内容也像父亲的书法文字一样，深深地印在梁学军脑海中。

梁学军记得："小时候我看父亲把纸贴在墙上写字，有时还画画，觉得特别有意思。父亲教给我绘画和书法的基础知识，字的笔画之间连笔怎么连，比如说'高'字，笔画间怎么过渡，先写外边这框，再写里边那口，写得快了，就由楷书变成草书了。小的时候，就是觉得挺美的，挺好奇的，等长大一些会写字了，自己就跟着父亲练。"

父亲还经常给梁学军讲一些书法知识，什么"轻研墨，重膏笔，左灯右砚"，"写字不要催，先看家、風、飛"等，因为这些字代表了

---

① "琵琶琴瑟八大王王王在上，魑魅魍魉四小鬼鬼鬼犯边。"这是一个著名的传说，说的是在八国联军与清朝政府的"议和"会议上，一洋人"中国通"傲慢地说出上联，意谓八国联军这"八大王"是"王王在上"；而中国这边，有一人（据传是张之洞，也有说不是他）愤怒地站了起来，对以下联，怒斥八国联军是四对小鬼"鬼鬼犯边"。

汉字的基本结构和笔画。

梁学军的舅舅是他童年的偶像。他 1964 年考进清华大学，1966 年由于当时"文化大革命"已经开始，社会比较乱，学校也不安定，为了躲避武斗，舅舅就跑到梁学军家去住。在梁学军家里的时候，他经常和梁学军一起聊一些学习方面的问题。梁学军说："我喜欢跟舅舅聊，在我的心目中，他是我的榜样。小时候，我学习'瞄准'的就是他，他在我心目中是特别完美的一个人。"梁学军在自己日后的物理教学中非常重视基本概念的教学，这就与他的舅舅有关系。他经常和梁学军讲："学习一要看知识的结构，二要看学科的方法，要特别关注怎么去认识概念，怎么去理解概念等。最关键的是如何理解定义，例如理解化学中溶液这个概念时，均匀、稳定、透明是其特征，学习过程中必须把这些词抓住。每个词背后隐含着一段情境，事实上也就是一个概念，每个新概念都是由一些旧概念组成的。"受其影响，梁学军在日后的物理学科概念教学中也特别注重强调要抓中心词，特别是限定性的词。

## 2. 背诵中的文化传承

从事班主任工作期间，梁学军常以各类丰富的活动创建班集体。他经常组织学生活动，编一些与学生日常学习、生活相关的剧目，形式上有三句半、快板、相声和小品等，同事和学生都觉得非常有意思。梁学军编写剧本的能力与其小时候的经历有关。他很小就背诵过《三字经》《百家姓》和《名贤集》等读物，这些书是传统的儿童启蒙读物，读起来朗朗上口，其中有不少成语、格言。通过背诵，梁学军不仅受到了传统文化的熏陶，而且提高了自己的语言表达能力和写作能力。

小时候，梁学军能够流畅地背诵《百家姓》全文，现在也能背诵其中三分之一的内容。梁学军回忆说："背书与我养羊的经历有关，六七岁时自己特别喜欢羊，年龄小在家没什么事，看见羊觉得新鲜非得要羊，吵着让家里买了两只羊，买来羊之后家里人不管了，要我自己去养羊。"梁学军每天去放羊，羊在一旁吃草，梁学军在一旁背书，回到家，家里人会考梁学军。尽管当时不大明白那些句子到底是什么意思，只是凭记忆背诵了下来，不过，随着年龄的增长，梁学军逐步理解了其中的意思。现在回过头来看，梁学军认为背诵那些古诗词，对日后的工作和生活有很大帮助，同时也练就了他良好的记忆力，培养了浓厚的古文兴趣。

小的时候背诵诗或者文章，梁学军觉得是一种乐趣，没觉得是一种负担。因为有家里人的鼓励和督促，有时甚至觉得特别好玩。梁学军说："小时候尽管不一定是自愿背诵《三字经》，当时也不大理解，但是背诵完之后，可能到了三四十岁有了一些生活体验的时候，就能接上茬儿，形成一种共鸣，能够在生活和工作中运用上，能够迁移过来用在教育学生、教育子女中。如果没有当时刻苦而机械的记忆背诵，现在自己肯定说不出来。小时候的积累是非常关键的。背诵经典没有废字，与下围棋没有废子类似，可以达到一种造势接应的效果。刻苦的背诵还能锻炼自己的定力，人应该有一个定力培养期，培养专心的好习惯，否则人的一生就会松散不定。"

此外，读古书也拓展了梁学军的知识面。有一次，一位校长在和梁学军交谈中，说他们学校有一个新来的学生姓贲（bēn），姓很少见觉得很新奇。梁学军记得《百家姓》里面有"丁、宜、贲、邓"。他告诉校长："这个姓在北京这边少，在南方比较多。南方有很多姓，北方很少有人知道，在《百家姓》中就出现过很多。"

对于当前的语文课过于重视应试弱化了文化传承，特别是对于现在语文教学中不讲句子结构，淡化整体性审美体验，梁学军觉得非常遗憾。"现在的语文课许多时候只是抠字词，支解内容。第一段介绍些什么，第二段介绍些什么，第三段介绍些什么，段落大意是什么……教学只是让学生反复揣摩这些被支解的内容，一节课学生能够获得多少知识不好说，学生肯定获得不了任何美感。但是，如果改变这种片面依赖字词段落的教学，教师又担心学生考试不行，升学又要分数。"梁学军认为选择部分优秀美文整体性背诵未尝不是一种好方法。"我记得我上初中的时候，老师让我们背杨朔的《茶花赋》等文章，这些文章都是经典，读起来感觉特别美，有些段落现在仍顺嘴就能背诵出来。"

语文教学需要给学生学科化的、审美性的体验和知识。"背诵能够赋予学生审美性、体验性的知识。"教学能够给学生美感,学生才愿意学。在梁学军看来,语文生字教学还不如以文带字来学习,实际效果更好些。背诵对学生非常关键,因为记住之后学生可以经常感悟。小时候过多的理解并不需要,随着年龄增长、经验阅历增多,他会自己去思考和衔接。现在社会上又重新重视读经是有道理的,学生摇头晃脑、抑扬顿挫的诵读能加强记忆。民国时期出了一些大家,部分原因就在于他们的古文功底很深,背了很多四书五经。背诵不能简单理解为死读书、读死书,它还意味着文化传承。

### 3. 初中时那引路的马灯

梁学军认为,对学生影响最大的老师往往是比较"平和"的老师,他们内心中热爱教育,热爱学生,真正把学生作为一个独特的个体看待,与学生相处时和风细雨,能够与学生平等地对话交流,而不是为了维持"为人师"的所谓尊严而摆出一副高高在上的架势。

梁学军读书期间,有几位老师对他的影响比较大。小学遇到一位,初中遇到一位,高中遇到几位。这些老师都特别平和,小学李子英老师的教课水平尽管梁学军现在已经没有多少印象,但是她待人平易随和,给梁学军留下特别深刻的印象,也正是她鼓励梁学军去顺义三中读初中。小学毕业之际,梁学军的同学大都选择了顺义二中,而李老师却建议他去离家较远的顺义三中读初中,她告诉梁学军,三中是一所新学校,调来很多优秀教师,听从李老师建议,梁学军一个人去了顺义三中。

梁学军在顺义三中读初中期间,当时教他数学的老师是马淑丽,她是一位非常负责任、敬业的老师。马老师曾教过梁学军的两个姐姐,对梁学军家庭情况非常了解。受姐姐们影响,梁学军心里很早就对马老师非常敬佩。读到初二时,梁学军参加了马老师组织的数学学习小组,为了证明几何题,大家经常晚上 10 点才回家。晚上回家时马老师每次都是提着马灯送学生,当时通往学校的路还比较偏,路边是一条大渠,周围是坟地,马老师把每个学生送回家之后自己才一个人回家。

在马老师的精心辅导下，梁学军取得了全校数学竞赛第一名的好成绩。也许正是因为初中竞赛获奖的经历，梁学军在以后的教学中特别注重竞赛对于教育教学的促进作用。

马老师对待学生既严格又宽容，是一位可畏更可敬的老师。有一次，梁学军犯了一个错误，和班上一位同学打架，被马老师训了一顿，停了课，写了检查。但是，"马老师批评完之后，又帮着我补了当天的课程。她并没有把这次打架上升为品质问题，而是理解、宽容了学生一时的出格行为，"梁学军回忆说，"她是心直口快的人，会当面批评我们犯的错误。尽管她对班里同学很严格，但都是为我们好，批评我们的时候我们也听得进去。现在我的一些同学回想起来，觉得当时被她批评是一种幸福。这样的老师毕业后越回忆越觉得有滋味，在感激中顿生敬意，遇到这样的老师是一种幸福！"梁学军觉得自己做教师以后，在教育学生等很多方面都有马老师的影子，或许正是那时候她在梁学军心中种下了以后从事教育事业的种子吧！

### 4. 难以忘怀的被下放的高中老师

梁学军高中期间就读于牛栏山一中，当时的牛栏山一中有一批被下放的优秀教师，他们中许多人都是右派或是家庭成分高的人，1957年反右派斗争中，被不幸打为右派。这些人中有清华的，有北大的，都非常有才华。当时的王德渊校长很有远见，把这样一批人招到了他所在的牛栏山一中，为学校聚集了不少优秀人才。

这种境遇对于被下放的老师们而言的确是一种不幸，但是对梁学军这些学生来说则是幸运的，他们这批学生特别受益。对照现在学校教师的状况，梁学军感触特别深："过去，像一些老一辈的大学者，很多都既教过小学，又教过中学、大学。他们阅历丰富，知识渊博，又能踏实教学，学生自然非常受益。浙江上虞的春晖中学，20世纪20年代初，一大批名师硕彦，像夏丏尊、朱自清、朱光潜、丰子恺、范寿康等都先后在那里执教，蔡元培、黄炎培、胡愈之、何香凝、俞平伯、柳亚子、陈望道、张闻天、黄宾虹、叶圣陶等也来此讲学、考察，学校一时声誉鹊起，有'北南开，南春晖'之说，成为浙东教育的一颗璀璨明珠，最终培养出了许多人才。事实上，那些老师教小学能行，教大学也可以。1949 年新中国成立后，也曾有一段时间，是最好的、最优秀的人去学校任教，教育界成了一个人才汇聚的地方。但后来，特别是市场化改革以后，顶尖人才选择做教师的就少了。现在大学的老师教不了小学，小学老师更教不了大学，优秀人才已很少进入中小学当教师了。"

梁学军高中时的物理老师由于出身不好，"文化大革命"期间被下放到高中，有些不得志，但他对工作兢兢业业，为人非常朴素、踏实。高考报志愿时是他建议梁学军报考师范学校，而梁学军选择了物理专业很大程度上也是受到了他的影响。

当时还有一位老师，高考时是上海市第二名，直接被北京大学录取。因家庭成分高，也被下放到牛栏山一中。"文化大革命"之后，他考上了中国科学院数学研究所。在牛栏山教书的时候，他上课从来不带教材。讲三角、讲立体几何的时候，他结合金字塔进行讲解，讲金字塔的结构，以及金字塔的悠久历史等。他历史知识非常丰富，讲课时思路特别清晰，一节课不知不觉就结束了，学生们听课一点儿不觉得累。梁学军常感慨地说："由于时代的原因他们当了老师，对于他们个人来说是不幸的，但是对于学生、对于那个时代的教育事业则是万幸。"这些人在教学过程中并没有把自己的不幸发泄到学生身上，把自己的不幸转嫁给学生，而是把自己的青春、自己的一切献给了教育。

梁学军是一个有幸的学生，这些不幸的下放教师给予他最初"为人师"的良好启蒙，正是因为他们，梁学军对于"好教师"有了更深刻的理解，也储备了宽广而深厚的人文知识，这些都影响到梁学军以后的发展。

## 5. 老师给我们的诗

梁学军高中时的物理老师也是他的班主任，是一位非常优秀的老师，他从不乱发脾气，和风细雨般默默地影响着那时的梁学军。他对学生的态度特别平和，从来不会看不起人，文学方面也很有造诣。梁学军做班主任时的工作方式受他的影响挺大，很多和学生沟通的技巧及管理方法都有这位老师的影子。

梁学军高考结束后，班主任把所有的同学们召集到教室里，深情地告诉他们，"你们毕业要走了，我很高兴，但是也有些舍不得，我给你们留下一首诗——'男儿立志出乡关，学业不成誓不还。埋骨何须桑梓地，人间到处是青山。'这首诗要求大家得读书，要有点气魄，有点气势，有点志向"。另外，他还叮嘱梁学军他们，将来走入社会以后要做一个对自己负责的人，做一个对家庭负责的人，做一个对社会有价值的人。梁学军一直记着这几句诗，成为教师后，他又把这几句诗送给自己的学生，作为对他们的鞭策。

### 6. 话不多的老师

同事们认为："梁老师不喜欢出风头，开会时就能够看出来，有的人一坐下来就要找机会高谈阔论，别人不搭理他，他也要找机会说。但梁老师不这样，如果别人不问他，他一般会保持沉默。"梁学军自己也觉得，如果不是因为做了教师，可能话会更少。担任教师工作，话说得要多一些，嗓门也比以前提高了。刚开始教书的时候班级人数比较多，梁老师讲课声音需要特别大，声音小了，后面的学生听不清。对于"教师的声音"，梁学军有自己的解释："城区学校教师的声音一般都挺小的，郊区的这些学校教师的声音都要大些，管理教授的那些人声音都比较小，管理农民的这些人声音就要大一些，就如同不同的地区会产生不同的民歌一样。"说话的人不同，说话的对象不同，场合不同，说话的声音与方式也不同。

梁学军自己也认为自己是一个喜欢安静、不爱说话的人。只要有时间特别愿意待在实验室，静静地一个人琢磨物理教学和实验方面的事，特别是做教具，只要有机会他都坚持自己做教具，似乎其中有无穷的乐趣。梁学军认为："在实验室至少有两个好处，一是自己可以做一些教具，改进实验；二是自己心特别静，可以独立思考一些问题。"

当然，和许多人一样，梁学军也喜欢运动。他每天早晨5点起床，到学校操场跑半个小时，然后洗漱、吃饭，开始一天工作，天天坚持风雨无阻。梁学军觉得每天有规律地锻炼，工作起来特别有精神。

### 7. 不一样的"土专家"

在大家眼中，梁学军是一位没有架子的"土"特级教师，不是特别善于表达，比较低调。对于梁学军自己而言，特级教师就是一名普通教师。没有什么值得炫耀的，如果自己端着架子也就失去了教师的本分①。

每年北京市骨干教师培训都会请部分特级教师做一些教材辅导，或者是专题指导，梁学军就是其中一位专题指导教师。据以前听过梁学军专题指导的一位老师介绍："梁学军做指导在讲课的时候与其他教师不同，其他教师讲的时候通常一个细节一个细节地陈述一节课应该怎么讲，梁学军一般给学员一些总的思路，先总后分，例如力学应该是什么样的教学观点，怎样的教学步骤，使用哪些教学手段。然后再把思路细化，细化的时候，某一节也不是专讲这一节，在节与节之间特别注重知识的内在联系以及方法融合等，他把思想、能力贯串在问题讲解和分析的始终，用一条线引领着听课教师，准确地说，他有自己对物理学科教学的思考。"

梁学军的与众不同还表现在很多方面，比如梁学军说话的方式也跟别人不一样。"要说一个人都已经到专家层次，说起话来，似乎就应该是有板有眼，很有架势，让人听着很'学术化'。梁学军越到专家层次，越口语化。有时候别人甚至觉得有些'土'，但实际上，他有些大大咧咧，这种'土'，并不是指他说得没有道理、上不到台面，而是指他说得特别到位，就是听起来就觉得特别生活化。"

许多同事都认为梁学军是个土专家。说他"土"，是因为他讲话、做事接地气、贴近生活和实际，说他是"专家"，却并非客套、恭维，他们觉得，梁学军提出的许多东西是在对整个脉络体系有了透彻理解、把握的基础上提出来的。只有具备了这个前提，才能融会贯通，才能

---

① 教师的本分要求教师在做好教书育人工作的同时，平等地对待同事和学生。现在受社会不良风气的影响，在一些不同学校的教师之间，学校内部一些不同学科的教师之间，似乎存在一种等级分化和隔离，部分处于优势地位、占有较多资源的教师，与其他教师事实上形成一种不对等的关系，并对学生造成不良影响，从而失去了教书育人的教师本分。

从一草一木中推出整个世界。他的一些"土"观点，不仅适用于教学，而且适用于生活中的其他方面。

### 8. 爱工具、爱动手

梁学军平日最大的爱好就是制作教具和收集各类工具，这种爱好慢慢形成了一种职业习惯。比如，平时看到某个有意思的东西，就会马上琢磨它能在物理教学中哪个地方使用。如果觉得很有用，就赶紧想办法把它收集起来，以便日后派上用场。他的办公室柜子里收藏了许多工具，实验室更像是一个小宝库，一些旧的机械表、座钟、破旧的玩具、有机玻璃瓶子、漂亮的板子、木块等，都被他加工利用，组合成好用而美观的实验器材、学生学习的学具等。他善于将人们平时丢弃的瓶瓶罐罐派上用途，把它们利用起来，做成精美的物理教具、学具。在梁学军办公桌抽屉里和书架上摆放了很多他购买或制造的教具，而且许多教具已经成为一个系列。为了满足特定内容的教学需要和学生的学习需要，梁学军还对教具进行了加工归类。

如果要寻找梁学军热爱工具的起源，得从他小时候说起。梁学军介绍道："我从小就喜欢动手做一些东西，爱捣鼓，小时候经常拆东西。"这样的兴趣使他很小就能够独立制作笛子、二胡等乐器。

梁学军实验做得好得益于他爱"捣鼓"，得益于其喜欢探究的习惯。一件东西必须把它弄明白，知道它为什么动，否则就拆开看一下，即使到了中年，他还是这个习惯。新买来一件家用电器，他会琢磨它的发声、发热、控制装置是怎样的，不明白就拆开看一看，然后再装上，否则就不甘心。梁学军在顺义三中任教期间，学校一度有很多台仪器无法使用，他就用业余时间修理这些仪器，在顺义三中的9年里，梁学军自己也记不清修复和制作了多少台仪器。

说起梁学军，一位女同事羡慕而感慨："梁老师真行！我不是很喜欢动手，从小没有接受过这样的教育，长大了以后，动嘴比动手强。讲话不犯怵，让我做点什么，别人教我做行，我自己动手就有问题。把物理仪器拆开了看，我总看不大明白。梁老师动手能力特别强，很符合物理教学对老师的要求。物理老师怎么能不懂实验呢？怎么能不会动手呢？现在中小学物理教学中，女老师越来越多，男老师越来越少，而女老师通常动手能力不太强，长此以往，是不利于培养学生动手能力的。"

物理学讲究实验，特别是在初中阶段，实验对于初中学生的入门非常重要。受条件限制，部分学校缺少必要的实验仪器或者一些实验仪器不实用，必然需要教师自己动手加工。但现在许多理科教师只会去想，不能动手做，想出来的和做出来的有很大差别。许多教师能想出来却做不出来，不擅长做实物器具。梁学军善于自己动手，也喜欢自己做教具和实验仪器。梁学军的实验室里有很多风筝，他对风筝曾经达到痴迷的程度。做风筝需要懂得力学知识、绘画知识，还要有动手能力，放飞的基本技巧也要掌握。如果没有这些动手经历，教师在给学生讲风筝时就讲不出来，也讲不透。梁学军说："教师上课讲的很多内容需要教师具备一些生活基础，为什么一些教师解释的时候能够触类旁通，而有些教师不能够，原因就在于前者有一定的生活积累。物理老师更需要生活积累，文科老师可以多看一些书，他们更多依赖语言介绍，教师教物理却不能只有语言的描述，必须有一定的动手能力，通过制作实物来展示，这样学生才更容易理解。"梁学军在实验教学方面非常推崇清华大学物理系的吴有训教授，他是一位动手能力很强的教师，经常带领学生一起吹灯泡、做瓶子，培养锻炼学生物理实验的意识和能力。

物理是一门以实验为基础的科学，实验是真实自然过程的体现，而课件则是人为制作的。现代物理教学理论要求，凡是能够用实验去反映的，必须用实验去展现，不能用课件简单代替。当然，如果通过实验展现不了，也可以借助一些信息技术来展现。课件可以根据实际需要把不具备实验条件的内容，或者把一些不易观察的内容用信息技术放大、放慢、放细等，但是它只能作为物理教学的辅助手段，不能取代实验。

在日常生活中，梁学军的动手能力也很强，还非常喜欢收集工具。从大学毕业分配到顺义三中后，梁学军经常给同事修收音机、半导体，别人家电视坏了，只要告诉他，他就去努力修好。每次外出旅游，别人买特产、买衣服，梁学军则买各种钳子、改锥、小电钻等与物理教学相关的工具，别人出去一般喜欢逛服装店，而他却总是爱去五金店。

### 9. 多才多艺的物理老师

梁学军多才多艺，虽然教的是物理，但兴趣广泛，唱歌、画画、写字，无不精通，而这些实际上也是他辛苦磨炼、多年积累的结果。梁学军特别爱好文学，会编快板和三句半，他还会摄影，爱画画。为了练好板书，他先从软笔入手，业余时间仿帖练字。1990年，梁学军参加了顺义县教育局书法、绘画比赛，两项都获得局工会二等奖。他编的快板曾在北京市演出，北京市曲艺团的常宝华老师甚至曾期望能调他到曲艺团工作。梁学军设计的徽标在顺义县获过一等奖，他还是顺义县"八五"青年成才杯、"八五"绿化杯的设计者。

90年代初，喷绘技术还很少见，展板需要手工做。做展板是梁学军的长项，他自己设计好版面，画插图、剪纸，自己刻美术字，尽管都是手工，但是非常有特色。平时梁学军还指导学生做一些小制作，许多小制作还获了奖。

梁学军曾经借助玻璃中的物理学知识给学生讲解绘画。梁学军的学生回忆说："梁老师曾经给我讲他是怎样理解绘画的，尽管他之前并没有专门学习过，但是他能够用物理知识给我讲怎么画，而且他画得不错。高一的时候画一个石膏像，我找形老找不准，他告诉我，把它转嫁到一个媒介上，比如说前面放一块玻璃板，闭上一只眼，通过这块玻璃再看石膏像。那个感觉自然被转移到一个平面上了，这样更容易理解。绘画本质上就是把三维空间中的物体转移到二维平面上。自己那时候没有琢磨明白，后来才明白是这么一回事，转移到玻璃上看起来感觉比看真实的三维要好得多。他还教我画画有时候需要定点，定几个大致轮廓的点，先大后小，逐步丰富画面。其实他没学过专业的素描，不过他讲的方法跟专业素描的思想是一致的。"

在同事们看来，梁学军是一个爱好广泛、热爱生活的人，并不因为自己教物理就一天到晚只琢磨物理。梁学军也经常说："其实，现在对我影响比较大的不是物理，而是物理以外的东西，它们影响了我，也影响了我的物理教学。"梁学军现在的很多成就，不是因为他专门钻研物理。在梁学军看来，单纯搞物理教学，每个人能够做的总有一定限度，而且到了一定阶段，教学的工作还需要其他方面才能的支持。

对于教师应该具有怎样的才能和素质，梁学军认为："过去要想成为一名出色的教师，必须具备三大法宝，即渊博的知识、流利的口才和漂亮的板书。现在还要加一条，就是良好的沟通能力。一名优秀教师需要不断提高自身素质。"

梁学军当班主任时，曾客串导演策划班会活动"我们的责任——珍爱每一滴水"。为了让学生知水、爱水、节约水、保护水，梁学军策划全班学生召开上述主题班会。班会中大合唱《同学们，珍爱水吧》使班会达到高潮，这首歌的歌词是由梁学军自己写的——

## 同学们，珍爱水吧

C=2/4

| 3  5̲6̲ | 1  7 6̲6̲  3 | 6̲5̲ | 5 — | 3  2̲1̲ | 6  6̲1̲ | 5 . 3̲ |

1. 你 在 天 边 画 出 了 彩 虹， 你 是 那 飘 洒 的
2. 你 用 那 美 丽 的 心 灵， 装 点 着 关 山
3. 你 把 那 生 命 进 行 了 孕 育， 你 为 万 物 带 来 了
4. 你 用 那 洁 白 的 乳 汁， 哺 育 着 各 族

| 6̲5̲  2 | 2 — | 3  5̲6̲ | 3  2̲1̲ | 7̲7̲  2̲6̲ | 6— | 1 . 6̲ | 5 . 1̲ |

1. 春 雨， 蓝 色 的 大 海 是 你 的 姐 妹， 舞 动 的 小 溪
2. 大 地。 怎 能 让 你 染 上 瑕 疵， 怎 能 让 你
3. 生 机。 人 类 是 你 多 情 的 儿 女， 原 野 的 小 草
4. 儿 女。 怎 能 让 你 慢 慢 消 失， 怎 能 让 你

| 3  5̲5̲ | 2̲1̲ | 1 — | 3̲3̲  5̲6̲ | 3  2̲ | 1  7̲7̲ | 2̲6̲ | 6— | 1 . 6̲ |

1. 是 你 的 身 躯。 你 是 那 春 天 的 使 者， 你 是
2. 受 到 侵 袭。 保 护 你 呀 是 我 们 的 天 职， 保 护
3. 吸 吮 着 你。 你 是 那 人 类 的 母 亲， 万 物
4. 含 泪 而 去。 珍 爱 你 呀 是 我 们 的 责 任， 让 那

```
|5  .1|3 55|2  1|1 —‖
```
1. 纯 真美丽的少 女。
2. 生 命保护未 来。
3. 要 靠你来养 育。
4. 世 界更加美 丽。

## 10. 好说话，但又较真儿

有人说梁学军很好说话，只要你需要他帮忙，他总会挤出自己的休息时间不计报酬地帮助你。在日常生活中，梁学军很随性，吃，不挑不拣；穿，有啥穿啥。也有人说梁学军是个较真儿的人，他要是觉得一件事过不去，就怎么也会不让它糊弄过去。同事回忆说："在手工制作学校的刊物时，梁学军要求细致，对装订的书钉订在哪个位置、订什么样的角度、粘的时候怎么去粘都有明确的要求。"

梁学军自己认为，"我的性格相对不安分，对很多事情喜欢寻根究底问个究竟，只要你说的我不太信，我就查，非得查清楚。"举个例子说，像英语单词 butterfly（蝴蝶），从单词构成上看，是由单词 butter（奶油）加上 fly（飞）组成的，为什么这样构词，梁学军问英语老师，英语老师不知道。梁学军就去查。再比如，语文里面带雨的那些字，如云、雨、雪、露、霜这些字，跟雨都有关系，梁学军问语文教师，"需要"的"需"为什么要带雨？没人回答梁学军的问题，最终还是自己从《说文解字》中查到了"遇着雨不前进，停在那里等待"的含义。还有初步的"初"为什么是衣字旁，梁学军也很好奇，找了半天都没找着答案，最后梁学军请教了一位老秀才才知道，古人裁衣之始为初，跟布有关系，这样写有它的缘由。梁学军对文字的使用特别在意，他总说："学校是教文字、用文字的地方，学校在文字上出了错，是说不过去的。"

（1）物理课为什么只能排在下午？较真儿中的排课创新

梁学军的"不安分"，源自他刨根究底的精神。出于对数学课在课表中必须得排在上午的怀疑，梁学军专门到网上查证，只有台湾地区说过建议放在上午，给出的解释是上午学生的逻辑思维性比较强一些，但并没有给出确凿的证据。与数学课相对应，梁学军对于物理课排在下午产生怀疑——"物理课为什么只能排在下午？"

"这个是老例，有文件的。"有老师说。

"哪个文件？"梁老师接着追问。得有根有据，梁学军才会信服。

也有同事含含糊糊地说："其他学校都这样。"

他马上追问："哪些学校都是这样？"

梁学军找城区、郊区各五个校长调查。"你们学校是不是数学课全排在上午，物理课排在下午。"有的校长说不是——那就不一定是。

梁学军坚持认为："如果说是学校惯例，这种惯例怎么来的，必须得有依据。"

通常，教师在发现课程表有问题时，不会真的去调查它、反驳它，更不会尝试改变它，但是梁学军有一种刨根究底的精神。"数学排在上午，那物理为什么不能排在上午？物理比数学还要复杂、还要难理解。我并不是要跟他们去争什么，我只是想去调查清楚。很多人说，数学就必须得放在上午，教育部有规定，实际上并不是这样，很多说辞是不清晰的。我不信，我就去查，非得问清楚、弄明白。"

教育中一些条条框框、一些所谓的惯例，其实并不一定合理。许多人上学的时候，物理课也是排在下午，也可能抱怨过，上午老是语文、数学和外语，但是科学地质疑它、研究它的并不多。梁学军不只是质疑、研究，还尝试改变。他把物理跟化学编在一起合为 D，将语文、数学、外语、物理和化学分成四组，依次编为 A、B、C、D，排课时按照 A、B、C、D 排列组合。这样排课表对所有学科就都公平了。A、B、B、A、C、D、D、C……这样各科老师就都不抱怨了。按照字母排，能保证各学科之间的公平，A、B、C、D 出现概率都一样——"这是我的课表，我不太信奉没有科学根据的事情。"

（2）较真儿就是负责

梁学军现在负责年级管理，他要求他所负责的年级的每一位班主任给每个学生写有针对性的、个性化的评语，写完之后他会一个个检查。顺义八中物理组的女同事果冬梅，和梁学军老师共事多年，对他非常理解、尊敬，也非常支持他的工作。她回忆说："学期结束，班主任给学生写评语，写完后 300 多名学生的评语汇集到梁老师那里，他会一个个地检查。有人觉得这有些不可思议，私下说当领导没有像他这么当的。一个孩子的评语有 6 条，期中、期末都查，300 多个孩子，他能做到整夜不睡觉查完为止。他做这件事特别执着，在他看来，评语要跟着学生一辈子，是学生一生的大事，必须客观、公正地对待学生，这样才能对学生的一生起激励作用。"

梁学军习惯于按照要求自己的标准要求别人，有关系好的同事私下劝他不要太认真："您较真儿，有的人能理解，有的人不能理解，觉得您对工作太较真儿了，感觉您在针对他，别人不可能都跟您似的，对工作都有非常高的认识。一旦达不到您的标准的话就会有压力，带着压力工作，老师们会不愉快或者感觉有些累。"但是梁学军还是一如既往地坚持自己的标准，在他看来，对组里的老师、对所负责年级的老师严格要求就是对学生负责。事实上，尽管有这样那样的压力，同事们都承认"在他的手底下工作真的有收获，能快速成长起来"。"如果让梁老师带一批年轻教师的话，对年轻教师会有很大帮助，在梁老师手下学东西，如果你做得不对他会当面指出来，哪里不懂他会亲临指导，手把手地教你。"果老师指出："如果不是梁老师，别人可能帮你，但是不会像他那样尽全力地为你想一些事，这样的人挺难得的。"

近年来，梁学军事务特别多，但他对每项工作都非常认真，因而特别累。好多事都亲力亲为，追求尽善尽美。比如说装订文件，八中办了一个科研月刊，梁学军从印、订、粘都是手工操作，但是制作出来之后，却像正式出版的书籍一样。梁学军要求装订的时候尽量美观，订书针订在距上下两端边缘四分之一左右的位置，粘贴的时候要一层层粘实。果冬梅老师回忆说："我经常因为装订不细心、不规范，被他批评。他经常纠正我，说订的位置不对，他要求装订不能宽了，也不能窄了，要统一，要求非常严格。"梁学军认为："只有自己认真了，老师们才重视你出的资料，凡是从科研室出去的东西，必须是规范的，粘贴完以后拿出去，就是一份很正式的刊物，不能随随便便。"

梁学军对于自己不太喜欢做的事，也不会一味推迟或拒绝。即便不喜欢，但只要承担下来了，也会很努力地去做，并且做得很漂亮。在梁学军看来，"人不可能完全按照自己意愿做事，有些事情即便不喜欢，别人交给自己去做，自己承担下来就要较真儿，并力求尽善尽美"。

### 11. 梁学军与他的家人

如果让梁学军在家与学校之间排序，他许多时候是把学校放在前面，而把家放在后面。自从任教以来，梁学军经常晚上9点以后才回家，用同事的话说，"他把自己全奉献给顺义八中了"。工作中的梁学军精力充沛，每天很早到校，很晚回家，全部精力几乎都放在学校，晚上经常不能和家人一起吃饭，有时一忙起来甚至几天不回家。为此，梁学军的母亲曾戏称他是"住店的"。因为很多精力放在教育教学上，他很少管家里的事情。有一次，家里的窗子坏了，梁学军因为忙，没有及时换，结果漏风漏雨好几天。最初，家里面很有意见，可时间长了也就习惯了，家人从不乐意变成理解，从排斥变成帮助。

梁学军的爱人原来在工厂医务室工作，前些年工厂效益不太好，就提前退休回家，现在在家操持家务。她对梁学军的工作很理解，在家里主动承担绝大部分的家务，有时还会帮着做些"学术秘书"的工作，家里的事大都不用梁学军操心，所以他能够腾出更多的精力来研究物理教学。

梁学军的女儿，2009年新学期上高二。虽然有个物理特级教师爸爸，但她却讨厌学物理，认为物理太难。同事有时会和梁学军开玩笑说，"就因为你教物理，所以你女儿物理学得最差"。实际上，梁学军在做好教育教学工作的同时，也非常关注自己女儿的学习，有时间就帮女儿补习物理，偶尔晚上也会跟女儿一块儿学习。梁学军告诉周围的人："我与女儿有约定，9点以后，我的时间是我女儿的。"虽然这样说，但因为工作忙，这一约定却很少兑现过。

事实上，梁学军为家庭付出了很大的辛苦，只是他不喜欢表白，家里的事情，他不大愿意和别人说。他动手能力强，经常会想出一些"土招"来改善自己的生活。梁学军现在住的房子就是他自己装修的，

梁学军的妻子和女儿

由于当时的经济条件比较差，看到别人家装修花费挺多，而且装修拖了很长时间，梁学军决定自己动手。吊顶、刮泥子、铺地砖，墙自己刷，地自己铺，干了整整一个暑假。尽管以前不懂装修，梁学军却把自己的家装修得挺漂亮，在他看来，这也是一次非常有意义的实践体验。

### 12. 工作后取得的成绩

梁学军 1986 年毕业于北京师范学院①物理系，像许多师范院校毕业的大学生一样，他毕业后一直从事中学物理教学，至今已二十余年。在这二十多年的教师生涯中，梁学军在教育教学、教研组建设、青年教师培养、教育科研和实验教学等方面取得了诸多成绩——

1996 年、2004 年，两次荣获"北京市优秀教师"称号。

1998 年，被评为"北京市中小学实验教学先进个人"。

2000 年，他主讲的《大气压强》一课获北京市中学物理青年教师教学竞赛一等奖。

---

① 北京师范学院为现首都师范大学的前身，成立于 1954 年。

2001 年，被顺义区总工会评为"经济技术创新标兵"。

2001 年，被评为"北京市中青年骨干教师"。

2001 年，被评为"北京市经济技术创新标兵"。

2001 年、2004 年，其培养的青年教师果冬梅和邱军老师分别荣获全国中学物理教学改革创新大赛一等奖。

2004 年 12 月，被评为"北京市中学市级学科教学带头人"。

2004 年，在第二届全国中学物理教学改革创新大赛中获初中组二等奖。

2005 年 9 月，被评为"顺义区学科首席教师"。

2005 年 12 月，被评为"北京市特级教师"。

2009 年，被评为"全国模范教师"。

2010 年，被评为"北京市十大教育新闻人物"。

2008 年，梁学军所主管的科研工作中，在市级立项的课题有 2 项，区级课题 6 项，校级课题有 16 项，均取得了良好的效果。同年 5 月 20 日，顺义区教科室以梁学军所负责的课题为依托在顺义八中召开了"在行动研究中促进教师专业发展——顺义八中'初中教师优秀课堂教学案例研究'"课题现场会，受到了与会专家的高度评价。

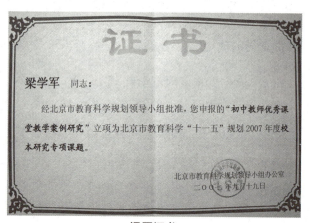

课题证书

在干好本职工作的同时，梁学军还承担了市、区多方面的任务并获得了很多荣誉。（见表 1）

表1 梁学军承担的各类任务及所获荣誉与成果

| 时　间 | 所承担的任务、获得的荣誉及各类成果 |
|---|---|
| 2002 年、2003 年 | 先后参加了 21 世纪北京市初中物理教学参考用书和学生用书八年级、九年级两册的编写工作 |
| 2004 年 6 月 | 被宋庆龄基金会聘为"第四届宋庆龄少年儿童发明奖"评审委员 |
| 2004 年至今 | 被聘为顺义区高级教师评审委员会物理学科组组长 |
| 2006 年、2008 年 | 先后担任北京市第一、二届物理教师实验教学大赛专家组成员 |
| 2008 年 1 月 | 在北京市"十一五"中小学科研负责人培训中，被评为"优秀学员" |
| 2008 年 4 月 | 被聘为首都师范大学首都基础教育发展研究院兼职导师 |
| 2008 年 4 月 | 主编《新课程有效教学疑难问题操作性解读·初中物理》，由教育科学出版社出版 |
| 2008 年 6 月 | 被北京教育科学研究院聘为北京教育科学研究院基础教育教学指导委员会物理兼职教研员 |
| 2008 年 10 月 | 所承担的课题"初中教师优秀课堂教学案例研究"获得顺义区教育科研阶段性成果一等奖 |
| 2008 年 10 月 | 文章《以案例研究引领教师专业发展》发表在《北京教育》第 10 期上 |
| 2008 年 12 月 | 被聘为北京市特级教师评审委员会物理学科评委 |
| 2009 年 8 月 | 所主持的课题"促进中学物理有效教学的实践研究"获第三届北京市基础教育教学成果奖三等奖 |
| 2009 年 | 入选"2009 年北京市特级教师推广计划" |

# 二、特级教师成长故事

　　每一位特级教师的成长历程都不尽相同，都有属于自己的故事，有些特级教师在成长过程中或许还有诸多波折。梁学军的成长道路看似平坦，却有着只有他自己才能体会的辛苦。从初为人师到成为骨干，再到成为特级教师，梁学军一路走来，不断尝试探索新的物理教学方法，逐步形成自己的"活物理"教学风格。

## 1. 初为人师

1986 年，梁学军从北京师范学院物理系毕业后，开始在顺义三中任教。他最初任教的几年是在顺义三中度过的。1986 年至 1987 年从事初二物理教学工作，1987 年至 1991 年连续四年担任初三毕业班教学工作，1991 年至 1994 年分别从事高一、高二、高三物理教学工作，同时兼任高中一个班的班主任工作。最初任教的七八年，梁学军称之为"朦胧适应期"。其间梁学军反复钻研初、高中教材，从知识的传授到教法的体验，从研究知识到研究学生，经过艰苦的实践摸索，积累了大量物理教育教学方面的知识，理出了系统的初、高中物理知识结构，成为学校的中坚力量，成为一名学生喜欢、家长认可、学校重用的老师。

梁学军于母校门前

梁学军自己总结说："刚开始教书那几年，如果说我工作上有什么特点，可以说是'一稳'、'二拼'。我时刻提醒自己，作为年轻教师必须拼，不过，拼的过程中容易盲目，因而必须有稳的一面。做事情既需要拼，也需要静心思考、需要随缘，有的时候得学会等待。但如果只稳不拼，其结果就会是墨守成规，不会获得新的成就。"

1992 年，梁学军特别辛苦。一方面，面对新的物理教材和刚接手带一群新学生，梁学军需要倾注大量时间和精力；另一方面，这段时间正赶上他的爱人住院生小孩，孩子刚出生又生病住院，梁学军每天两次去医院看望孩子，又要照顾家里的妻子，而且也不能扔下班上的几十名学生，更不能放弃物理教学，成天奔走在医院、家和学校之间，尽管很累，梁学军还是坚持着做好"自己的本分"。1992 学年，学校授予他"先进工作者"称号，同年 5 月，梁学军又获得顺义县教育局授予的"先进青年标兵"光荣称号。

（1）研究教材，打好教学基本功

教学的最终目标是使学生能够灵活运用知识。要使学生灵活，教师首先必须灵活。为了使初中教材活起来，梁学军在刚开始从教的几年里先后购买近一百本参考书，以增加知识的广度和深度。梁学军认为，"教师的工作特点要求他需要具备非常广阔的知识面。如果说搞科研工作是在进行石油钻探，那么教师的工作就是在灌溉广阔的田野"。浙江大学的生物学家贝时璋老师曾说："现在的教育不需要学才，需要通才。"梁学军对此非常信服。平时工作之余，他经常借阅学校的书刊，同时自己也订阅一些教学方面的杂志，购买教辅书籍。

初为人师，梁学军没有多少经验，于是他狠抓教材，仔细研究其中的难点，遇到不懂的就虚心向同事请教。吃透教材后，他又下功夫琢磨经验与知识之间以及各个知识点之间的关联，并对各个孤立、分散的知识点进行动态优化、重组，构建多层次、多维度的知识网络体系，进而使各个知识点活化，在头脑中有清晰的脉络并具有"流动性"①。

在备课方面，梁学军更是一丝不苟。他认真研究大纲，抓好教学的每一个环节，同时，他又努力把生活中的物理现象融入物理教学之

① 在梁学军看来，在各类知识之间、在知识与经验之间建立联系，让整个知识体系在头脑中有清晰的脉络，使各个孤立的知识点"活化"，就是实现了知识的流动性。

中，使学生接受起来自然流畅，教学通俗而深刻，不流于形式。

刚刚走上讲台的梁学军深知，讲课是教师的基本功，而一位教师要想驾驭课堂，就必须具有较深较广的知识基础和扎实的教学能力。为了弄透教材中的每一部分知识，梁学军经常和一些老教师研讨，虚心向他们求教。有时为了弄清楚一个有争议的问题，他会亲自跑到进修学校去请教教研员张柏老师，几年下来，他在知识积累方面获得了很大收益。为了把握好每一个教态，并提升自己的语言逻辑性和艺术魅力，梁学军经常把自己上课的录像带带回家，翻来覆去地放，反复琢磨，发现并改正自己的不足。

（2）内引外学，博学深取

在顺义三中的 9 年中，梁学军在校内积极参加教案研讨，虚心向其他老师请教。凡是好的东西、有用的东西，他都积极吸取。何树清老师的实验，王森老师的复习课，王丰傲老师的实验课，王玉秀老师的物理学史讲座等，只要有机会他都会赶过去听。

梁学军还积极利用校外听课机会充实自身物理课程教学知识和技能。只要有时间，他都积极参加观摩学习课，几乎每次必到，从未因任何个人原因间断过。在从事高三毕业班高考辅导工作期间，尽管工作任务很重，但只要有观摩学习课，特别是市里的学习，梁学军都会准时参加，绝不错过任何一次机会。1994 年 2 月，北京市西城区组织一次观摩学习课，那天下着大雪，梁学军冒着大雪坐汽车在路上行进了三个多小时，准时赶到听课地点，那次到场的顺义县老师只有他一个人。通过听课，梁学军开阔了视野，并使自己的知识、能力水平得到大幅度提高。

（3）积极反思，优化自身知识结构

对于教师而言，第一轮教学总是模糊的，需要在教学实践中不断积累知识，打磨技能，需要逐步完善教学方法。梁学军每一年都做详细的总结，根据前一年的教案和教学日志，仔细回味过去一年教学中的得与失，细心地在教学各方面找出不足，在新一轮的教学中，在教学的目标、方法和步骤以及知识结构等方面进一步充实、完善，力争使教学更有针对性。每完成一届学生的教学，梁学军都及时进行总结、反思，逐步深化他对教育的理解。在梁学军看来，每届学生都有自己的特点，教师不能偷懒，备课、教学要根据他们的不同特点展开。针对变化了的、不同的学生，梁学军的授课内容、教学方法也在不断更新、补充、完善。伴随着新发现、新经验，梁学军逐步摸索创生出了属于自己的物理教学知识、方法。这种教学相长的现象，也正为学者的研究所证实：教师在教育教学过程中，必须根据自己所面临的具体情境创造性地行动和思考，依靠自己在实践中积累的经验，通过行动中反思，在上级指令和日常工作之间建立起有意义的联系，在为学生成长创造有益经验的同时，创生自己独特的知识。①

（4）发挥学生主体作用

教学的最终目标是使学生自主发展，因而必须注重培养学生自主意识和能力。梁学军认为："学生都是年轻人，与年轻人交往最重要的是要引导和发挥他们的热情，使他们的朝气焕发出来，这样才能达到预期效果。活动是焕发这种激情的催化剂。"为此，他在初中搞物理知识竞赛、物理小组制作，在高中搞物理学习方法研讨、带学生外出参观开阔视野，努力尝试利用各种机会组织学生开展活动，让学生动起来。

梁学军还有意识地通过联欢会来培养班级学生的参与意识、主体意识。1991年的班级新年联欢晚会上，梁学军把全班学生的名字串在自己写的一首词之中，学生们听完乐得前仰后合。对那些平时露面机会少的学生，梁学军更是想尽各种办法让他们参与集体活动，让他们感觉到自己也是班级的主人，各类活动中都有自己的参与，自己从未被排除在集体之外。

（5）万绿丛中一点红

工作之余，梁学军偶尔会拿起相片，回忆自己第一次当班主任时教过的学生。那是在1991年，梁学军第一次担任高中班主任。高一时，梁学军狠抓了一年班级管理，高二重新分班后，以这个班为基础，吸收部分其他班级转来的学生，又形成一个新的班级。为此，梁学军

① 陈向明. 教师如何创生自己独特的知识［N］. 中国教育报，2010-01-22（05）.

又抓了一段时间管理。当时，班委会已经成长起来，班里的具体事情，梁学军一般都放手由班委会负责，学生们有什么事都找班委会，遇到问题都是通过召开班委会解决。学校有什么活动，梁学军也都让学生自己去商量、组织。等班委们商量好以后，也会给梁学军分工，告诉他他的职责是什么，梁学军也欣然受命。

有一次，班委会在策划校运动会入场式时给梁学军提出建议："整个年级的校服都是墨绿色的，太单调、太俗气，我们不能和别的班一样是墨绿色的，我们要别出心裁！我们要穿红色的衣服！"

梁学军有些意外："那你们打算怎么办呢？"

学生们说："您甭管了。衣服的事儿、队列排练的事儿，我们都能解决，我们只求您干一件事儿，请您给我们设计一个入场牌，要求形式新颖，在全校30多个班级中，咱们班的牌子要能够'出类拔萃'，这是我们给您的分工，我们就看您的手艺了啊！"

"行啊！"梁学军笑着答应了，心里暗自替他们的成长感到高兴。

接下班委会的任务，梁学军暗自琢磨："需要有新意，怎么出新呢？"他左思右想，有了一个创意。他找到一块破黑板，用锯子加工出一个火炬的形状来，为了装饰外表，梁学军想到了不干胶纸。当时专门卖不干胶纸的商店不多，他专程赶到城里，四处打听，终于在中国美术馆附近买到不同颜色的不干胶纸，回来用这些把入场牌细心装饰、加工好之后，梁学军才交给了学生。学生们拿到"火炬"后，怕别的班发现，预演时藏起来没有用，直到正式比赛的那天才拿出来。准备期间，梁学军想知道他们入场时会喊什么口号，学生却告诉他说保密，不让他管。

比赛当天，学生们从一所职高学校借来一批红色的校服，除此之外，每人还戴一副白色手套。入场的时候，全校30多个班级，只有梁学军班级方队身着红色服装，其他班级的方队全穿的是墨绿色校服。其他班级入场的时候，大都喊着"发展体育运动，增强人们体质"的口号一路走过，而梁学军的班级却类似国际大赛上外国运动员入场的样子，在走到主席台的那一刻只是向主席台缓缓招手。这一下，让梁学军也出乎意料，甚至有些无可奈何："这帮家伙，没办法，由他们去吧！"

入场式后，梁学军问学生："你们怎么没有喊口号？"

学生笑答："现在谁还喊口号呀？之所以不告诉您，就是怕您不同意！"

"事情已经过去了，学校爱怎么说就怎么说吧！"梁学军虽然心里有些犯嘀咕，但也没再对学生说什么。不过，让他没想到的是，学校领导在总结运动会时却郑重地表扬了他的班级："咱们学校运动会的入场式，是万绿丛中一点红。高一（3）班格外显眼，而且他们的表达方式特别友好，其他班级应该向他们学习。"

万绿丛中一点红

## 2. 学会做班主任

班主任工作的核心就是要抓好班集体建设，用集体教育班级中的每个人。要使一个班级发展成一个集体，班主任老师需要做大量的工作。梁学军认为："几十个学生编在一个班里并不就是一个集体，一个健全的班集体应当具有正确的发展方向、共同的奋斗目标、坚强的核心和自觉的纪律等几方面特征。"

（1）抓"第一次"，抓方法

梁学军在自己的实践中对初中生和小学生的区别做了深入思考，

27

他认为，初中与小学不同，学生升到初中后需要一步步学会自主学习，教师需要帮助学生养成好的学习、生活习惯。开展各种活动，是引导学生养成好习惯的有效方式，而第一次活动能否组织得规范、科学非常关键，因为第一次活动留给学生的印象最深刻，会影响到今后的学习和生活。为此，梁学军狠抓"六个第一"——第一次主题班会、第一次广播操、第一次板报、第一次军训、第一次全校运动会以及第一次新年联欢会。就拿第一次新年联欢会来说，联欢会由班委会组织，梁学军和学生都需要自己编排文艺节目。联欢会中老师与学生一起唱歌跳舞，由此拉近了学生之间、师生之间的距离。最重要的是，活动给学生提供了展示自己的舞台，培养了他们的能力，同时加深了学生对整个班集体的依恋感、认同感，增强了班级凝聚力。

梁学军初次担任高中班主任不久，他便很快意识到，初中与高中不同，初中学生和高中学生在知识基础、学习经验以及学习交流习惯等诸多方面都存在差异。他根据初、高中学生各自不同的学习特点，首先在学习方法的转变方面做了大量工作。为了帮助学生调整、改善学习方法，他先后在全班印发了几篇学习资料，并利用班会时间组织学生集体学习，使大家从思想上先重视起来。其次，定期举办学习经验交流会，请一些学习成绩好的同学介绍他们如何合理安排时间、整理课堂笔记、处理各科之间的关系等，力图彼此借鉴，这样做的目的是从经验、理论上加以引导。最终，全班学生在学习方法上有了很大提高，全班学生期中、期末考试平均成绩在同年级中名列前茅。

（2）搞好班级组织纪律

班集体能否健康发展，往往取决于有没有严格的班级纪律。纪律是一切教育教学工作的保障，纪律不过硬，就如同一只铁箍断了的木桶，不动自散。作为班主任需要严格纪律，制定制度，以保证集体活泼而有序。制度的建立是一个集体存在并向着良性发展的客观必要条件，是管理班级的重要依据。班主任在建设集体过程中，需要从学生入学起就制定一套班级管理条例，大家共同遵守。无论是谁，一律公平对待，并根据实际情况不断对条例予以完善，让学生得到公平、公正的对待。

梁学军每带一届学生，刚开学时都会举行一次"立足于今思三载，满怀信心迎未来"的主题班会，目的就是让学生在思想意识上达到统一，并形成一致的认同感，规划好自己三年高中生活，使被动的纪律约束转变为主动的自我约束。在这之后，梁学军又利用一次班会和全班学生一起讨论并制定了班级规章制度。有了大家共同认可的规章制度之后，梁学军随时针对班级中出现的迟到、旷课、看课外书、打架、抽烟等问题进行了整顿。经过反复磨合、不断完善，班级纪律逐渐稳定下来，违纪事件逐渐减少，纪律好转，学习等其他方面也开始相应地向好的方向发展。外在的规定逐步内化为班级学生自觉的行为，整个集体严而有序，严而有形，班集体以及班级中的每位学生的自主发展能力得以提升。

（3）争取家长的认同

当前，很多学校开家长会往往流于形式，家长会变成学校单方主导的训诫性会议，因而家长大都不大喜欢参加，开会时总爱在下面窃窃私语。梁学军很早就注意到这一问题。轮到他召开家长会时，每次开会前他总是精心准备，尽力寻找会议与家长所关心的问题的契合点。

从事教师工作以来，为了更好地了解学生，实施有针对性的教学，梁学军和几百个家庭的家长做过交流，家长听他发言的时候，也特别安静。首先，他们觉得梁学军说的内容，都是实实在在的；其次，梁学军能够引经据典，讲话有层次，清晰明确。中国人比较注重传统，给家长做报告，引用一些古人的说法，引用一些经典的名言谚语，有理有力，切中家庭实际，家长容易接受，也就愿意配合教师对学生的教育行动。梁学军平时就比较推崇四书五经："这些经典之中包含很多主体性的、主旨性的内容，包括如何做人，如何交友等，而现在课程中没有这些内容，与生活相关的内容很少。"教师讲这些内容才能拉近与家长和学生的距离，让所讲的东西在他们心里扎下根并发芽生长。

（4）活化理想道德教育

赫尔巴特指出："教育的唯一的工作与全部的工作可以归结在这一概念中——道德，道德普遍的被认为是人类的最高目的，因此，也是教育的最高目的。"① 中学阶段是形成人的价值观、人生观非常重要的时期，理想道德教育不容忽视。它关系到班集体的整体发展，也关系到每个学生未来的健康成长。道德教育不应该是枯燥而乏力的单向灌输。在任班主任期间，梁学军每年都会在班级中开展爱国主义、理想道德教育活动，结合理想道德教育，举办一次题为"坚定我们的信念，用现实塑造未来"的主题班会。

班会以音乐、美术等形式介绍音乐家贝多芬等人与命运抗争的精神，班会中梁学军要求每个同学都有参与、都要发言。最后，由梁学军总结发言。他灵活地将尊重与要求渗透到活动中，并引导学生思考未来："每一位同学应该自己掌控自己以后的道路，安排好自己的整个人生。这需要大家把握住自己的现在，设计好自己的未来，这样才能保证自己不至于两年后、五年后两手空空去见家乡父老。"

（5）在文体活动中提升学生素质和班级凝聚力

梁学军自己爱好文艺，也喜欢组织学生从事文艺、体育活动。文化艺术活动是培养学生集体意识的良好途径。梁学军认为："组织文艺活动不是简单地让学生玩，它需要达到两个目的：一是使学生们轻松一下，调节一下气氛；二是给学生一些锻炼的机会，鼓励他们敢于在公开场合讲话，避免将来走入社会之后，需要他们站出来说话时，他们却动作拘谨，语言表述不清楚，思想混乱。"

体育活动特别是集体性的体育活动能够提升班级凝聚力。学校组织学生运动会是加强班级凝聚力的好机会。特别是对于那些在体育方面有特长，但平时没有表现机会，同时又有些散漫的学生来说，运动会是展示他们的好机会，也是教育引导他们的好机会。

1991年9月，梁学军开始担任高一（3）班班主任。从暑假军训开始，梁学军发现这个班上有很多男生管不住自己，但他们有着很高的体育活动热情，于是他利用集体性活动充分调动他们的积极性。那年，运动会比赛参赛的班级共14个，梁学军所带的班级学生齐心协力，取得了高中年级总分第一名。这是建班以来的第一次活动，它为以后集

① 张焕庭. 西方资产阶级教育论著选 [M]. 北京：人民教育出版社，1979：259-260.

体的形成和发展打下了坚实的基础。全班学生为之振奋，集体荣誉感大大增强，班集体的凝聚力也得到大幅提升。

在体育工作取得成效的同时，梁学军狠抓班里的文艺、纪律和卫生工作。利用新年联欢会的机会，梁学军亲自出马，为学生们编排了相声、快板等节目，在安排演员演出节目时，尽量使每位学生都有上台的机会。他告诉全班学生："该玩的时候就要尽情地玩，放开心情，该学习的时候就要拼命地学，真正做到有张有弛，培养一种严谨且开朗，静、动共存的性格。"联欢会开得非常成功，许多年之后，班级里的一些学生回忆起当年的联欢会还会忍不住津津乐道。

精心组织的班级活动，丰富了集体内涵。活动是集体发展的黏合剂，活动开展程度与水平标志着一个集体的发展水平和质量。1991 年至 1994 年梁学军担任班主任期间，他精心策划了几次大型的班级活动，联欢会上他编写了一段快板，把全班任课教师都赞颂了一遍，师生之间的感情更加深厚。至今，梁学军所带班的主题班会还有一部分被学校录像存档。

梁学军认为："带一个新班班级，把全班学生的心调齐了、有凝聚力了，起码需要三个月。一开始要慢慢地建立集体，年级建设也一样，一步一步地来，教师必须有明确的目标和思路，然后朝着那个方向去努力，一步一步规范。青少年学生处于青春期，内心不乏热情，鼓动起来之后，容易朝着一个方向前进。一般说来，只要他们觉得有意思、有奔头，大家就去干了。教师需要激发学生的热情，发挥学生主动性，把学生特别是班委会的能力发挥出来，形成了集体就可以很好地促进学生的发展，反过来学生的进步又可以使集体向更高的层次迈进。集体的本质就在于能调动起人的积极因素，集体的作用就在于它可以顽强地战胜一切困难。"

（6）选拔组建有威信的班委会

一个班级中，班委会力量的强弱，直接关系到整个班集体能否朝着健康的方向发展，同时也会影响到班主任能否顺利组织和领导这个集体。因此，在梁学军看来，班委会选举是抓班级管理的一个很重要的环节。

1991 年，顺义三中高中生入学时需参加军训，军训期间梁学军认真地查看了学生的档案，了解学生的情况，并在日常活动中多角度观察学生各方面的表现，为组建班委会做充分的准备。在慎重而充分考察的基础上，由全班民主选举产生班委会。梁学军力图发挥班委会成员每一个人的特长，并逐步树立班委会成员在学生中的威信。他对选出来的班干部们说："你们是整个集体的核心，每个人负责自己的工作，只要自己认为对，就大胆的、放开了手去干，出了事我负责。"梁学军任班主任期间，班级很多事情都是班委自主处理，这样既能发挥他们各自的长处，给他们锻炼的机会，又使梁学军从零乱的琐事中抽出身来，把更多精力用在教学上。

梁学军对于培养班干部的方法有四句话："物色人选慢确立，具体指导扶着走，严格要求不偏心，提高威信松开手。"运用班干部首先要培养班干部，给他们提供施展才华的舞台。经过一段时间的努力，所有的班委委员都能充分发挥他们的积极带头作用，班委会中各个委员各司其职，各负其责，各方面均取得良好成绩。这样班主任管理也轻松，班干部做工作也有主动权。班干部队伍的成长给全班树立了榜样并带动整个班级的发展，班集体显得生机勃勃。

（7）运用工程思维，对班级进行"立体"建设

最初几年，教育教学工作特别是班主任工作使梁学军逐步理解了教育的意义，理解了"集体"的内涵。"教育离不开集体，集体的核心是凝聚力，集体的生命力在于发展。如果一个集体道德水准较低，生活在其中的学生学习、文体活动必然会受到很大的影响。形成集体是班级发展的奋斗目标，而开展活动则是实现这一目标的必要途径。活动可以为学生提供展示自己的空间；活动可以为学生之间提供交流的机会；活动可以增强集体的向心力；活动可以编织出美好的回忆。一句话，没有活动就没有集体。我一直鼓励每个学生都积极参与班级活动，在活动中锻炼集体，发展学生。"对集体建设与学生发展之间关系的这种理解，是梁学军做好班级管理工作的基点。

根据自身的教育管理经验，梁学军自己总结出一整套班主任工作方略。他把班集体看成一个立方体，建设集体的过程是一项"立体"

工程，班主任是这项工程的总设计师和工程总监，整个工程用纪律制度刻画形体的外形，用开展活动充实它的内容，通过培养班干部增强内部凝聚力，发挥教师的集体教育作用，从外部注入新的动力。

班主任是班级的重要管理者和组织者，但班主任无论多么出色也离不开其他任课教师的协助，充分发挥教师的集体教育作用是管理好班级、全面培养学生、减轻班主任负担的重要途径，因为学生接触班主任的机会毕竟是有限的，全体教师整体化的教育效果往往胜过单个班主任的效果。梁学军经常对学生说："现在不是让老师调动我们的积极性，而是我们作为学习的主人要充分调动各科老师的积极性，他们的情绪被调动起来以后，我们每节课可以得到更多知识。"梁学军所提倡的原则是："每一位同学特别是科代表应该充分调动好任课老师的积极性，使他们进入我们班就不想出去，把他们所有的公开课都吸引到我们班来上"。在全班学生的努力下，同年级一学期八门公开课，有七门是在梁学军的班级上的。

"教师集体的统一是最有决定性的一件事情。"[①] 日常教育教学中，梁学军积极与其他学科任课教师交流班级学生情况，帮助他们熟悉了解班级学生，为了帮助他们上好课，梁老师还主动为他们制作教具，协助他们上好评优课。经过努力，梁学军所带班级的任课教师对他们班非常认同，非常愿意投入到他们班级的教学工作中去，并配合梁学军搞好班集体建设，在梁老师看来这等于从外部为班级注入了动力，使班级建设形成一种合力。

3. 成为骨干教师：从顺义三中到顺义八中

梁学军在顺义三中工作了9年，这期间先后教了初二、初三和高中。经过初中教学和高中教学的磨炼，加之梁学军本人的学习和钻研，他对中学物理教学有了整体的把握，在教育教学工作中也取得了一些成绩，成为学校的骨干教师。

---

① 马卡连柯，等. 论共产主义教育 [M].刘长松，等，译. 北京：人民教育出版社，1954：306.

1994年，梁学军教完高三毕业班后，学校原本准备让他带一个从初二到高三的实验班。就在这时出现了一个新变化，顺义县新建了一所中学，也就是现在的顺义八中，当时新学校的副校长是梁学军以前的英语老师，对梁学军非常了解，在组建新学校的教师队伍时，他想到了梁学军，就把他给调了过来。

（1）辛苦而快乐的八中创业生涯

1995年9月，来到新学校后，梁学军被任命为物理教研组组长。他到顺义八中时年纪较轻，有些年龄大、资历深的教师多少有一些想法。梁学军心里一度也有些犯嘀咕，不过又一想："年轻是一种劣势，也是一种财富，不需要背什么包袱。当组长也没有什么，努力做好自己的本职工作就是了，把事做好，让老师们都受益，这样大家就会逐步认可自己。"

①积极做好实验室的创建工作，为实验教学创造条件。

顺义八中组建初期，学校物理实验室一张桌子都没有，仪器室更是四壁空空，任何实验都无法做。在这种情况下，梁学军召开教研组会议，大家一致决定，为了保障上课质量，先向其他学校借仪器。于是，物理组几位教师分头到城关三中、城关一中、张喜庄中学去借。就这样，梁学军和同事们坚持了半年多的时间，后来学校陆续购进了仪器，才使困境有所缓解。

此后的两年多时间里，为了使物理课向着规范化方向发展，物理实验被提到了更高的地位。首先是抓好实验室的规范化，管好用好实验仪器。物理教师人员紧张，每位教师授课任务很重，实验室的创建工作基本上由梁学军一个人来做，他白天上课没时间，只好在晚上做，节假日更是他的实验室工作的时间。这样下来，前后两个多月，每天晚上工作到10点多钟，最终他终于圆满完成了工作。为了给三个物理实验室的实验桌编号，梁学军还特意精心制作了号卡，然后一个个用漆喷上去，喷完号的实验室，看起来整齐划一，标准大方。在仪器贴签、登记方面，他更是耐心、细致地一个个粘贴、一个个登记，使仪器和账目一一对应，做到了万无一失。

在分组实验方面，梁学军对学生从初二开始就进行了分组登记，使学号、实验桌号、仪器号三号统一，固定下来后就一直延续到学生毕业。采取这一措施，在很大程度上避免了仪器的损坏和丢失，也使得实验室管理起来更容易、更规范化。梁学军坚持认为，事情要做，就要把它做好，就要上档次。也因为这段经历，他对于实验人才的缺乏很感慨："实验工作是一种琐碎的工作，一种最需要有责任心、耐心，最不能'将就'的工作。看一个实验容易，设计一个成功的实验并不容易，做好一名实验教师非常难，现在的实验人才非常难得。"

②努力制作教具，低成本实验活化教学。

众所周知，实验是物理教学的基础，是激发学生兴趣、引发学生理性思考的重要因素。在梁学军看来，一旦失去实验，物理课将成为众多科目中最枯燥的一门学科，会使学生丧失学习兴趣。而实验仪器是物理教学的根本，是开展好教学的前提。学校配置的仪器对实验教学起到了极大的促进作用，但也存在很大的不足。出于获取利润的追求，一些生产厂商往往因为某些仪器效益不好，不愿意生产，这就需要教师自己亲自动手去修改完善，自己动手去做，投入更多精力改革创新低成本物理教学实验。实际上，许多一线教师做出来的教具既简洁又实用。

来到顺义八中以后，面对实验仪器短缺，严重影响教学的局面，梁学军他们决定，在向别的学校借仪器的同时，自己也要动手制作一些基础性实验器材和一些实验仪器。教研组当时共7位教师，其中有4位是年轻女教师，动手能力相对较弱。梁学军首先让他们从简单的焊导线练起，然后利用废旧饮料桶制作凸透镜成像实验用的蜡托。锯开、打眼、套扣、锉整，一件件蜡托终于成型。经过努力，梁学军他们制作出一批器材和仪器，如讲浮力、密度要用的木块和铁块，讲杠杆用的跷跷板等。通过自己制造器材和仪器，既缓解了物理实验室仪器短缺的问题，节省了教学成本，又锻炼了物理组教师制作和使用教具的能力，而且因为是教师自己制作的，教师使用起来也更得心应手，深受教师和学生们欢迎。在这一过程中，梁学军自己一个人还利用业余时间制作了大量的演示教具、电功率演示教板、电控、光控水塔演示器、右手定则演示仪、物体匀速升降演示器，可拆卸杠杆式演示滑轮，

35

电磁继电器演示教板等几十件演示教具。

梁学军从教多年，始终没有放弃制作教具的工作，同时也发动全组教师、全体学生一起制作教具，在顺义三中工作的 9 年以及顺义八中工作的 15 年间，梁学军制作的教具达上百件，对学校物理教学起到了很大的辅助作用。

梁学军和老师们共同制作的教具

制作教具是一件极其辛苦、花费时间的事情，不过梁学军喜欢自己做教具，一旦做起来他都特别投入。1991 年暑假，梁学军制作了一台"人体触电演示器"。经过两次改进、调试到最后成形，整整耗费了梁学军一个暑假的时间。这台仪器集声、光、电为一体，而且还有多种形式的动作，制作难度相当大，其难度主要体现在：首先，设计思路比较复杂，梁学军经过多次设计修改，最后才确定方案。其次，工具不足。制作期间，使用的大部分工具是家里有的，但有些则需要临时购买、制作。此外，制作与购买元件也非常困难。在制作过程中需要一对齿轮，没有合适的，他就亲自动手去做，一点儿一点儿动手去锉，手上的力度一旦掌握不好，就需要重新返工，这在外人看来简直不可想象。为了购买特定型号的发光管、开关，梁学军自己几次赶到中关村，最后，总算如愿以偿，买到了自己所需要的元件。最终，这台"人体触电演示器"获得顺义县自制教具一等奖，同时被推荐到北京市参展，荣获北京市普教系统教学改革成果参展证书。

梁学军和他的同事们在教学过程中逐渐形成了这样的习惯，一旦在实验中有什么新想法立刻提交到教研组讨论，大家讨论实施方案，最后付诸实践，很多教具、实验的设计方案都是用这种方式做出来的。

在面向学生的实验普及工作中，梁学军紧抓课堂实验教学，在讲解每一部分知识时，凡是学生能亲自动手做的，都让学生自己去做，例如浮沉子、杠杆、指南针、小孔成像等。做好以后，大家把自己的作品带到课堂上，互相观摩学习。有一次，学生们做好杆秤后，拿到实验室来，利用砝码定刻度，然后再称橡皮、铅笔等物品，各色各样的杆秤放在一起，琳琅满目、百态千姿，就像一个万国博览会，无形间激发了学生之间更好地相互学习。

梁学军不仅抓好课堂实验教学，而且还把实验延伸到了课外，把实验和科技竞赛结合起来，培养学生动手能力。梁学军和同事们在学校组织学生组建了航模、舰模、风筝小组，并经常组织学生开展各项活动，动手与动脑有机结合，促进学生的物理学习，学生自己动手，让梁老师的物理教学达到事半功倍的效果。

几年下来，梁学军和同事们在低成本物理实验教学中做了一些基础性和突破性的工作，死板的物理实验变得鲜活而生动，同时，他们注重在"活"中创新，取得了诸多成绩。

十几年的教学让梁学军体会到，实验是物理的根，是激发学生兴趣的天然因素，是任何其他教学手段替代不了的，可以说没有实验就没有物理。物理学的发展是在实验中实现的，未来物理教学的发展仍将依赖实验的发展，搞好实验是物理教学的基础，物理教学始终需要将实验放在重要位置。在教研组活动中，梁学军任组长期间一直坚持把实验教学放在非常重要的位置，纳入教研发展规划中，他要求物理教研组教师除了在教学发展方面要有自己五年的设想和一年的奋斗目标之外，在实验发展方面也要有五年设想和一年奋斗目标。

（2）与同事携手发展

尽管是"白手起家"，学校相对缺乏物理教育教学设备。但在梁学军担任物理组组长期间，即从1995年到2005年，顺义八中物理组教师两次获得全国中学物理教学改革创新大赛一等奖，以及很多市、区级奖项。对梁学军来说，发展教研组，让每一位教师有所发展，既是一个学习合作的过程，也是教研组不能动摇的宗旨。

①年轻但有抱负的组长。

顺义八中刚创建时调入的物理教师都是来自各个学校的精英，作为年轻的组长，梁学军被同事们接受也需要一个过程。他回忆说："1995年建校的时候物理组开始是四个人，二中调来一个，三中调来三个，后来又从张喜庄等中学调来一些教师，调来的老师都是教学能手，来到八中大家凑一块儿，整整十个人，每个人的方式方法都不一样，当时的环境也与以前所在的学校有很大不同，刚开始组织物理组教研活动有一定难度。"但是，凭借吃苦耐劳和实干的创业精神，梁学军逐步获得同事的认可，并和他的同事一步步走出顺义、走出北京，走到全国物理教育教学的前沿。

在这一过程中，梁学军始终注重发挥集体优势，面对"创业阶段"遇到的问题，他发动大家一起思考物理组应该以什么为基础，应该怎么发展，进而提出了"在勤奋中求生存、在团结中求发展、在长远中求稳定、在坚实中求创新"的物理组精神。生存是前提，发展是目的，发展中组员不能浮躁，眼光要放远一些，最后才能创新。坚实的基础是创新的前提，必须有新的视角，才能创造出不同的内容和形式。他鼓励大家一起打拼几年，逐步形成"人人为我，我为人人"的物理组传统。

②帮同事做课。

在最初做课的时候，学校还没有电脑，大家就合力做投影片。有了电脑以后，大家又一起学习做课件。组里任何一位教师做课，梁学军都尽力去帮忙，努力做好策划和服务。梁学军暗自对自己说："大家在同一个物理组，作为组长应该为每位组员服务，如果组长不付出其他教师不可能认可你。"每当组内有教师参加竞赛，梁学军还会组织整个物理组去帮这位教师做课。有的时候，教师合作中也会遇到一些问题，但梁学军总是就事论事，从不针对任何个人，大家因而也都能接受，反过来又推动了同组教师之间更紧密的合作。

1996年，果冬梅老师参加全国录像课大赛，先是到顺义县比赛，然后去北京市参加比赛。受条件的限制，当时录课时用的文字资料，很多都是梁学军帮忙一笔一笔用仿宋体写的，为达到更好的教学效果，梁学军还想办法帮助果老师制作了动态的投影片。同年，言老师参加全区的比赛和全市的青年教师基本功大赛，梁学军也跟着热心帮忙准备。

1998年，王占杰老师参加北京市青年教师录像课大赛，为了使课的内容出些新意，需要做一些课件。当时，学校里面只有三台计算机，摆放在机房里面跟宝贝似的，而且没有几个教师会用。恰巧梁学军刚进市电教馆学习动画制作工具，学习了四天后就摸索着为这节课做课件。他每天白天上课，下午下班后就去做课件，晚上经常熬到十一二点。整个课件梁学军一连做了八天才完成。

在制作课件"右手定则"时，需要画出一只握住螺线管的右手，学绘画的人都知道，"画人难画手，画马难画走"。梁学军用自己的右手作素材，经过反复尝试仿照着画了下来，而且做出了一些动画效果，这一精心制作的课件，很好地满足了实际教学的需要，只是由于没能得到妥善保存，很多这类的课件遗失了，这至今仍令梁学军备感遗憾。

2001年，梁学军所在的物理组新来了一位年轻教师张皓峰，新教师刚开始教学，有些找不到方向，梁学军建议他先做一节区级评优课。之后，梁学军先帮着他选课题，他仔细考虑选择了《功率》这节课。参加区评估课必须要有些创新之处，梁学军问他对这节课有什么设想，张老师坦言说没想好，梁学军就建议他找一个合适的地方去测学生跑步的功率，并建议去密云水库，让学生跑台阶，第一称体重，第二量台阶，然后再掐表计时，这样学生做功的功率就可以测出来了。

张老师采纳了梁学军的建议，带着学生们前往水库做课。外出学习机会难得，学生们很高兴，大家相互合作数出320道台阶，做了20多次实验，采集了宝贵的第一手数据。回来之后，梁学军又和大家一起处理收集到的数据，一起准备课件。

课件做好之后，张老师对于能否获奖心里没底，梁学军鼓励他耐心等待结果。最终，《功率》课果然获得全区一等奖，这一课的前期准备和创新之处，给评课的教研员也留下了深刻印象。

2002年，物理组又来了一位女教师邱军，她之前是在高丽营中学任教。邱军老师为人非常踏实，工作能力很强，2004年她参加全国比赛获得了一等奖。那次获奖同样经过了艰苦的准备，比赛包括评课和说课两个环节，评课是一个过程，说课是一个过程。在准备这节课时，梁学军与邱老师等人一道，花费了近半年时间，从选材到设计课型都下了很多功夫，特别是组织学生活动，先后到工厂变电站、科技示范区去录像。

在参与评优的过程中，梁学军逐步形成了自己对于做课和评优的认识："做课参加全国比赛，需要引入一些新内容，一节课必须有让人觉得眼前一亮的设计环节。这有些像听某个特定主题的报告，特定主题可能不同的人已经讲了好多遍了，换一个人还是讲同样的内容就没新意了。做报告需要让听众有所收获，尽管听众听报告往往最多记住几个词，记住几句话，记住一个故事。做课也一样，既然是评优，就需要给评审专家展现一些新内容，这就需要教师具有一定的个人能力，也需要教师背后的团队提供有力支持，毕竟个人的能力是有限的。评优课一看选题；二看布局；三看创新点；四看过渡语言，即承上启下的语言；五看教学手段。"

③在"争吵"中共同发展。

在物理教研组的活动安排中，单周是教研组活动，双周是备课组活动，每月各有两次活动时间。但实际上并不只有两次，只要有需要，梁学军随时组织研讨性活动。尽管会占用大家一些时间，但是能够促进教学，老师们也都很理解和支持，当然也不是没有"争吵"。

邱军老师刚来到八中参加物理组讨论，觉得有些诧异。她回忆当初的感受说："我原来在高丽营中学，学校特别小，物理老师就我一个人。我们是理化生一个组，一个物理老师、一个生物老师、一个化学老师。教研活动基本上没法开展，理论学习的时候大家只能找一些相关的内容一起学习，但是关于物理方面的内容只能自己准备，备课等一些事情都是自己一个人完成。到八中以后，同组老师比较多，其他老师能力都挺强，教研的气氛特别浓。比如说要讨论一节课，其他学科教研组到我们物理组看评课可能会觉得不可思议，怎么能评成这样，我刚到学校参加研讨的时候也非常惊诧，小组讨论的时候彼此之间开诚布公，评议时往往光说缺点，而且是直截了当地说，一点都不忌讳，观点不同自然会产生一些争执。比如，听课的同事觉得讲课人讲得不好，或者有些环节需要改进，而讲课人又觉得自己就应该这么讲，于是就会互相辩论、讨论，不过最后通常会'吵'出一个共识。这要让其他学科组的教师看起来，感觉上似乎我们是在'吵架'。"

物理组教研活动中的"争吵"，对事不对人。正是在"争吵"和研究中，大家互相学习，互相帮助，物理组整体成长起来。"我们组几个人的特点不一样，有擅长做课件的，有擅长实验的，有语言方面特别有天赋的，有擅长课型设计的。如果组中某位老师上公开课或研究课，大家就一起讨论，大家凑在一起互相出主意。"此外，"争吵"之后，梁学军要求有行动方案，如果没有达成一致意见，梁学军会建议："明天上课先按照大家说的设计试一试，然后再按照自己的设想试一试，最后我们组再讨论。"也正是在不断的"争吵"中，物理组形成了一个积极向上的集体。

④走出去开阔视野。

教师的日常教学琐碎且耗费精力，许多教师往往由于日常工作过于劳累，或者教学生活的封闭性，一点点丧失自己原来具有的干劲和学习意识。做一名优秀的当代教师必须得开阔视野、不断学习，为此，需要一些来自外部的刺激和引导。梁学军当组长的时候经常带组员出去，一两年就去一次中国科技馆，还经常组织到北京市其他一些物理教学有特点的学校去听课，借鉴他们的教学经验。同事回忆说："以前，梁老师带物理组的时候经常领着我们去不同的地方参观学习，去不同的学校听课、观摩学习，我们去过西城的一些中学、北京师范大学附属中学、东直门中学、丰台十二中以及一五六中学等学校，还参加过北京八中的科技日，通过观摩学习，我们和西城、海淀、东城的学校老师建立起了一定的联系。"

梁学军组织教研组教师赴科技馆参观学习

梁学军经常利用在北京教育科学研究院基础教育研究中心的信息资源，组织教师到外面开阔视野。一次，在东直门中学举行实验现场会，本来只是通知让梁学军一个人去，但他想让大家都参加。询问之后，东城区教研中心的王苏凤老师爽快地答应了，物理组也就都去了。因为和北京八中的章浩武老师是忘年交，北京八中的许多活动梁学军也组织物理组积极参与。在两位老师的推动下，两校的物理教师结下了深厚的友谊，梁学军此后也经常向人提起这位仁慈、宽厚的老朋友。

梁学军认为："物理教师特别需要开阔眼界，现代科技飞速发展，如果老师自己都没见过，怎么能够跟学生讲清楚？"1996年，梁学军承担了一个物理学史方面的课题，做这个课题的目的是要培养学生的科学知识、科学方法、科学精神和科学思想。为了给学生提供良好的素材，梁学军专门去国家图书馆，录制一些介绍物理学家方面的资料，回来后让教师观看并结合各自情况用在物理教学中。围绕课题研究，梁学军又组织教师参观了位于北京市建国门的古观象台、北京天文馆和中国科技馆。

⑤ "开放式"的全方位学习。

专家讲座这种学习形式老师们比较喜欢。梁学军担任顺义八中教师发展中心主任以来，每学期会请一位专家给学校老师做讲座，内容十分丰富，比如，他请过北京教育科学研究院的李春山老师讲案例，请杨金波老师讲国际礼仪和教师礼仪。他还计划请中国京剧院的艺术家为老师们介绍中国的京剧艺术。在专家做讲座时梁学军要求教师要做笔记，在专门的校本培训手册中记下学习中的一些心得体会。

有时候，梁学军还会组织大家观看一些视频，为扩大老师们的知识面，他总是尽量广泛地选材，比如，《和谐拯救危机》是一部具有佛教情怀的片子，其中一些内容对人生有很好的启迪意义。梁学军认为，教师教学需要拥有一个良好的心态，观看这样的影片，有助于教师调节自身的心态，对教师处理日常教育教学中的问题也会有所帮助。此外，广泛地学习各类知识还可以提高教师基本的文化素养。梁学军始终坚持认为，人可以没学问但不能没有文化，人可以没知识但不能没见识。

（3）做一位敏而好学的教师

2000 年开始，梁学军学习制作幻灯片。他觉得这个东西非常有意思，也很有用，初学时非常兴奋且投入。后来学校有了电脑，他又马上学习电脑方面的其他知识。回忆当初学习的情形，梁学军至今还深有感触："我觉得学完以后收获很大。在对网络的学习中，我知道了什么叫 Internet，什么叫路由器，怎么利用网络拓展教学资源等。面对新技术，作为教师自己必须对自己有一个学习要求，总是满足现状肯定不行。"

2002 年，首都师范大学办了一期研究生课程班，梁学军报了其中的教学管理班。有人问梁学军为什么来学习："是需要评高级教师了吗？"梁学军解释说："我毕业后一直从事一线物理教学，好几年没出来学习了。不补充新知识，人的头脑容易闭塞，自己想出来了解物理教育教学前沿的新进展，学学新知识。"尽管在别人看来，读研究生班对于梁学军已经没多大用处，但梁学军自己就是想到高校去学习。

进入课程班学习后，授课老师问他："学习有很多方式，你为什么选择读研究生这种方式？"梁学军回答说："研究教育教学，我们是外行，你们是专家，聆听各位专家的讲解收获会更大。每位专家授课前需要看大量的资料，你们讲给我们的内容，通常是你们自己理解的最精华的东西，我们从你们那里得到的，也是最前沿、最精华的东西，这种学习方式相对系统，我们学习效率更高。"

实际上，西方许多国家都规定，教师每隔三到五年有一个带薪学习的机会，这属于教师的基本权利。尤其当前人文社会科学发展非常快，作为教师更需要了解一些相关的新知识、新趋势。梁学军在首都师范大学听了一年的课，其中教育学、教育心理学方面的内容对他的帮助特别大。教师在教学工作之余，尽管也能通过看一些教育杂志和书籍来提高自身，但通过这种形式，教师获得的大多是一些零散的信息，不系统，也不全面。而且，教师自己思考问题的角度和深度容易受局限，教师如果想全面了解教育学近几年的发展趋势是什么，国内外当前流行的理论是什么，还是要通过专家才能了解得更清晰。在这方面，梁学军有自己的"小算盘"，外出学习虽然花费大量个人的休息时间，但能让自己有收获，还是挺划算的。

对任何老师来说，隔一段时间出去进修学习一次，不只是能够提高个人素养，还能够促进自己今后的教育教学。出去读书能够暂时脱离自己的环境，是反思自身教育教学的好机会。老师们可以从日常教育教学生活当中相对超脱出来，然后更新自己的视角再次投入其中。国外相关教育研究已经证明教师任教五年之后知识会老化，需要更新，教师原来学的教育学、心理学内容会贬值甚至被淘汰，重新学习课堂上专家给出的一些新观点、新提法，能够更新教师固有的知识结构、教育教学观念，启发教师改进自己未来的教学。

可能会有人说，现代社会网络非常发达，可以从网络上学习一些知识。但是，网络上的信息往往是零散的、不系统的，而且教师自己有时很难区分什么是好的、什么是不好的。此外，即使网络学习方便快捷，也不能代替人与人之间直接互动交流带来的知识之外的刺激和激励。梁学军认为："教师必须从所在的学校中走出来，亲自去看、去体验一些教育教学方面的新东西，通过学习班的形式到大学去向专家系统学习，获得来自专家的指导。专家能够站在一定的高度，指导教师更好地学习。学习期间专家还可以指导阅读一些有针对性的、能够帮助教师提高自我的书籍。现在图书市场上的书很多，但是良莠不齐，普通教师往往没有精力也没有能力去选择合适的书。这种系统的学习因为有专门的教材和指导老师，比教师一个人买书自学效果好很多，而且考试会迫使教师不得不学得深刻一点、系统一些、全面一点。"

梁学军每周周六、周日都去首都师范大学听课，风雨无阻，从没有缺过课。在他看来，每个人的职后学习都有自己的考虑，有的就是想要个证书，有的想借此机会外出放松一下。梁学军则是想多学习，他觉得去学习就是要多看、多学好东西。有了学习机会就需要自己多争取，即使学校规定的学时已经学完，也需要给自己加压，多找机会学习，到外面去看看、体验一些新鲜事物，让大脑不断补充一些新东西，跟上学生和社会发展。学校要求每位教师考计算机模块，规定获得四个学分就合格，梁学军除了学校要求之外又学习了两个学分，在梁学军看来，他就是想利用这次机会多学一点东西，好好充实一下自己。

梁学军还给自己建立了一个学习资料库，这个学习资料库包括一些按照不同主题归类整理的笔记，一些按照不同要求收集整理的档案袋、文件夹，一些按照不同性质归类的图书以及按照不同物理知识内容加工整理的工具等，虽然没有统一的形式，但是对于梁学军来说，这些都是他学习、教学、科研工作的基础，它们共同构筑起梁学军立体的学习、工作与探究的空间。以图书为例，在专家的指导和自己不断地摸索过程中，他给自己列出一系列书单，所列图书有物理教育教学方面的；有教育教学管理方面的；有物理学科方面的，同时还有很多文化方面的。在梁学军的阅读范围中既有经典名著，也涉及大众文化，在他看来，它们都是自己必要的信息资源库，与自己精心收集、加工整理的工具库同样重要。

---

**附：梁学军喜欢的几本书**

爱因斯坦和英费尔德合著的《物理学的进化》

牛顿的《自然哲学的数学原理》

宋应星的《天工开物》

钱学森的《科学的艺术与艺术的科学》

洛克的《教育漫话》

联合国教科文组织的《学会生存——教育世界的今天和明天》

霍金的《时间简史》

---

### 4. 在实验、科研中成长为专家型教师

现行师范专科学校物理专业教学大纲中，把"中学物理实验教学法"作为"中学物理教学法"课程的一个组成部分，约占总课时的1/3。但是，在许多中学，为了实现达标或升学目标，都存在将物理实验不同程度地弱化的趋势。随着教育改革的深入，人们逐步认识到，物理实验不仅是物理学研究的基础，更是物理教学的基础。梁学军非常认同一些专家的观点：取消固定教室，上什么课，到什么课的实验室去。为改革物理组的实验教学，他精心做课，深入研究不同课型的内容设计和组织方法。

（1）改革实验教学

梁学军认为现行教学模式中存在诸多问题。目前，中学物理实验课都习惯于循环式分组实验的教学模式，实验内容大部分为中学物理课堂教学中的实验或实验组合。这样的教学模式存在一些问题，在这种实验教学模式下，学生实验时的主观能动性发挥不够。分析其原因，有四点：一是对实验的研究性要求不高，仅停留在能做好实验的层次上；二是实验量小，难度不大；三是实验与中学物理教材的结合不够紧密，许多学生实验前不知道该实验在中学物理教材中的位置和实验安排的意图；四是，实验范围较窄，仅以物理实验为主，第二课堂等内容很少。

梁学军在物理实验领域重点尝试两方面的工作：一是实验操作，二是理性的推理。他根据教学要求确定实验目的，选择合适的实验内容和实验教学形式；在演示实验中配合课堂讲授，引导学生观察思考；在学生分组实验的预习、实验和完成实验报告三个环节上，进行恰当的组织引导工作，对学生进行实验技能训练；组织引导学生开展生动多样的课外实验活动；为提高教学质量，设计新教具，改进某些演示实验或学生实验。

（2）从生活走向物理，从物理走向生活

新课程改革背景下，义务教育阶段物理课程的基本理念要求为：从生活走向物理，从物理走向社会，物理课程应贴近学生，符合学生认知特点，激发并保持学生的学习兴趣，通过探索物理现象，揭示隐藏其中的物理规律，并将其应用于生产生活实际，培养学生终身的探索乐趣、良好的思维习惯和初步的科学实践能力。结合物理学科特点和新课程的基本理念，教师应该让生活走向物理，再让物理贴近生活，进而通过物理教学提高学生的素质和能力，并帮助学生去理解周围未知的世界，解决生活中存在的问题。

梁学军通过课题研究和实地调研，力图使学生走出枯燥的课本，走出封闭的教室，将知识应用到生活实际当中，并有意识地将生活中的问题融入课堂教学中，从而达到学以致用的效果。

①利用生活事例创设问题情境，实现"从生活走向物理"。

知识的获得是学习者通过对旧知识和生活经验进行分析归纳、总结、推理得来的。因此，教师在教学设计上需要从学生认知特点出发，从感性认识入手，为学生提供真实、生动的情境。创设一些与学生生活紧密相连的物理教学情境，引导学生在身临其境的环境中对生活实例进行分析，才能发现有价值的一般性规律，才能从原始的感性认识上升到理性认识，实现课堂教学的质的飞跃。例如，为了让学生直观地认识到平面镜"像物等大"的成像特点，梁学军尝试让学生在课堂上拿出事先准备的平面镜，用不同的物体分别放在平面镜上，观察镜子里面出现和物体大小相同的"物"，学生继而印象深刻。

②运用物理知识解决生活问题，实现"从物理走向社会"。

梁学军结合"实验操作竞赛"和"课外制作小组"活动，指导学生对相关的参赛作品进行反复试验，并结合物理知识分析其失误原因，不断针对改进。学生由此深刻体会到物理就在身边，生活离不开物理，在生活中要养成事事、时时、处处吸收和运用物理知识的习惯，主动学习物理、创新性地运用物理知识的积极性也因而被调动起来。

③在探究中融通生活与物理。

新课标主张义务教育阶段的物理课程应贴近学生生活，符合学生认知特点，激发并保持学生的学习兴趣，通过探索物理现象，揭示隐藏其中的物理规律，并将其应用于生产生活实际，培养学生终身的探索乐趣、良好的思维习惯和初步的科学实践能力。梁学军认同这一观点，他经常创造条件让学生贴近现实生活"找物理"，给新授的物理内容找一个"生活原型"，来促进学生对知识的理解，使学生意识到物理源于生活。他还把生活常识提炼成物理语言，让学生借助原有的生活经验，对物理知识进行感性认识，使文本知识变成学生自己的知识，进而加深他们对知识的理性认识。

2004年，学校一位同事参加全国中学物理教学改革创新大赛，梁学军为此帮助该同事安排了一系列实践探究活动，主题为：了解继电器。他先是组织学生到顺义区"三高科技示范区"里养花的地方，一起观察看由许多继电器组成的中央控制器如何控制大棚里面的湿度、温度。从活动中，学生感受到了继电器的意义和作用。随后，他又组织学生到顺义区北小营变电站参观，调查继电器在控制高压变电方面的作用。变电站是一个危险而重要的部门，管理非常严格。梁学军请自己的同学帮助协调，在请示了顺义供电局主管业务的领导并得到许可后终于成行。在变电站里，学生们看到一个近一米的大型继电器，它的铁芯是一个大铁砣，工人师傅给大家演示相关操作时，大铁砣上下移动带来"砰砰"的声音很大，这给师生留下了深刻记忆，这些所见所闻就连梁学军自己以前也没有经历过。

紧接着，实践活动小组又赶到燕京啤酒厂，参观继电器在工业控制中的应用，在糖化车间里，工程师打开一个中心控制柜，内部充满了许许多多的线路和众多的继电器，在工程师的介绍下，学生们了解到，正是它们在控制整个车间的生产。随后，大家又参观了继电器对于工业生产线的控制……实践活动结束以后，梁学军对所有的素材进行了编辑，并亲自写解说词，编成了一个实践活动短片。

经过前期丰富的活动准备，梁学军和参赛老师开始正式录制这节评优课。在课程设计过程中，课件、学生实践活动、自制教具和物理学史的引入四个方面，使得这节课显得很丰富。课录制完之后，梁学军又亲自参与了视频的剪辑。从上午8点一直改到下午3点，一个字一个字地推敲，最终打造出一节漂亮的精品评优课，这堂课也于当年在山东邹城举行的全国中学物理教学改革创新大赛上获得了一等奖。

梁学军在物理教学中始终坚持"从生活走向物理，从物理走向社会"，秉持开放的、立体的教育视野和课程理念，努力将课堂教学与生活联系起来，让物理教学与学生的世界紧密关联起来，让学生思维在逐层递进中深入发展，从而最大限度地激发学生学习积极性。已经毕业的学生回忆梁学军说："尽管物理学有些枯燥，我们还是喜欢上梁老师的物理课，他的课堂鲜活多彩，富有生命力，使我们能真正体验到物理在生活中的作用。"

（3）重视物理学史传播，激发与培养学生的学习兴趣和科学精神

物理学的产生和发展实际上是一部充满创造、发现和发明的历史，其中蕴涵着物理学家们严肃认真的科学态度，追求真理的顽强毅力和献身科学的忘我精神。传播物理学史知识，发掘物理学史中一些关键事件的德育功能，能够激发学生学习物理的兴趣，培养学生勇于探索的科学精神。

梁学军认为，作为物理教师必须首先了解物理学的发展历史，物理知识的结构和体系。拥有这些知识，教师就有一个相对完整的知识框架，在给学生讲具体知识点、具体概念时才能给学生绘出一个清晰的知识地图。物理学和其他学科一样，都是不断发展的。20世纪初，英国著名物理学家开尔文勋爵预告，物理学的大厦即将建成，但在物理学的晴朗天空中，还飘浮着两朵不安的"乌云"，这两朵云就是与迈克逊·莫雷实验相关的"光以太"问题，和与黑体辐射实验相关的

"能量均分"的学说。这两朵乌云在经典物理框架内是无法驱散的。为解决这两大科学难题，物理学家们前赴后继，最终导致了相对论和量子力学的建立。给学生介绍这些内容，能够让学生了解物理学走过的路，有助于学生破除对书本知识盲目迷信，养成勇于探索的科学精神。

梁学军在学习和介绍物理学史的同时，还把物理学新的研究成果、新的概念及最新发展动态（如超导材料、纳米材料、我国载人航天技术的重大突破等）适时地注入课堂，帮助学生建立客观物质世界是发展变化的，而不是孤立静止的基本观点，进而引导学生探索新知识，培养学生的科学创新意识，增强学生的使命感和责任心。

（4）从兴趣和问题入手，培养学生创新意识、问题意识

创新意识从心理学角度来讲，是指创新的愿望和动机，而在物理教学中要激发创新意识就必须培养学生学习物理知识的兴趣。兴趣是发展思维、激发学生主动学习的催化剂，是调动学生学习积极性、自觉性和创造性的内在动力。

物理世界是一个充满神奇的世界，物理实验能呈现出各种奇妙的物理现象。梁学军在教学中，充分利用实验和实地调研，激发学生隐藏在内心深处的求知欲，增强学生学习兴趣，培养其创新意识。

梁学军在实验演示中不拘泥于教材或教参的安排，常会进行一些创新设计。例如，他常将一些演示实验改为学生探索性实验。让学生主动去选择器材、设计实验方法，发现问题并寻找解决问题的方法等。通过创设条件，让学生充分地动脑、动手、动口，发挥学生的主动性，从而激发学生创造性思维。

从某种意义上来说，问题意识就是创新意识，问题意识是新思想产生的摇篮。梁学军认为："物理教学要有问题意识，思维从问题开始，提出问题比解决问题更重要。教师没有问题意识，就不可能激发学生的学习兴趣、学习动机以及对学习的情感等；学生没有问题意识就不会有学习兴趣，也不会有积极的思维，从而也就不会有创新思维。因此，在课堂教学中，教师要善于创设问题情境，激发学生的求知欲望，激活学生的思维。要解放学生的口、脑，鼓励学生勇于提出问题、提出质疑，敢于标新立异，使学生在讨论、解决问题的过程中，掌握

知识、获得方法、形成能力。"在实验教学中，梁学军总是不失时机地对学生提出的标新立异的想法给予肯定、支持和帮助，帮助学生大胆猜想、独立思考，并通过实验否定错误的假设，修正不完善的猜想，从而使学生解决问题的勇气、信心、毅力、科学合理的批判精神和创造力都得到有效的培养。

物理教学需要渗透批判继承的思想，这在梁学军看来，同样也是培养学生问题意识、创新意识的基础。物理学知识是后人逐步积累发展出来的，并不是自然的、固定不变的，它不是自人类产生起就有的东西，而是人后来随着实践发展创设出来的，其中一些知识只是假想，是人用来解释事物的。因而，物理学知识是相对的而不是绝对的。事实上，任何学科的知识都没有绝对的，都只是相对的。特别是高中阶段，教师更需要解释清楚物理学知识的历史脉络，以及贯串这一脉络中的继承与传播、批判与发展等，揭示物理学中所蕴涵的思想性的内容。

比如在讲解牛顿定律的时候，梁学军就注意收集整理了牛顿通过一次又一次的实验及科学推理最终找到大自然奥秘的很多事迹，挑选其中有代表性的介绍给学生，让学生认识到当年的牛顿是怎样思考的，请学生将牛顿的思考、推理过程和自己平时的思维过程比较一下，问问自己，牛顿的这些发现，自己为什么想不到，这其中，究竟是自己不愿意去多思考，还是没有思考问题的能力。这样一比较，学生会发现，牛顿的想法自己也完全有可能会产生呀！彼此的不同就在于，遇到问题之后，没有进一步去仔细探究怎样解决问题，也就是说没有方法，或者找不到方法。再比如，近代物理中有着众多物理大师，为何独独是普郎克发现了黑体辐射？原因就在于他敢于打破旧的认识，敢于质疑，普郎克相信人们对自然界的认识是不断深入的。梁学军通过这类的例子，引导学生注意到，学习物理就是要敢于质疑，勇于探究真理，有了这种敏锐的问题意识，科学才能发展，历史才会进步。

谈到质疑，梁学军认为，"物理教学中的质疑，主要是从观察到的物理现象、实验中得到的数据、实验的理论解释、理论的逻辑推理等方面提出问题，或从那些似乎没有问题的地方提出有价值的问题，使之同中见异、异中见同、平中见奇"。作为教师，必须在教学中从学生已有的认知结构和思维水平出发，采用适当的例子，让学生带着问题学，带着惊奇自己主动探究。梁学军在教学中总是适时地结合教材内容向学生介绍古今中外的著名学者多思多问、自问自答、刻苦努力地进行创造发明的故事。例如，引用伽利略的经典实验，指出伽利略通过敏锐的观察和思考，推翻了亚里士多德"物体越重，下落得越快"的错误观点，从而揭示了自由落体运动的规律。最重要的是，教师在教学中需要指导学生科学质疑、科学探究。

（5）在科研中成长为专家型教师

教育管理体制的改革和学校办学自主权的逐步扩大，客观上提出了教育教学研究的任务；与此同时，注重多样性和开放性、关注个性和差异性的素质教育也呼唤着教育教学研究。随着我国基础教育改革的逐步推进，加强教育教学研究在我国基础教育领域已成为一种趋势和潮流。教育教学研究是近几年被推到教育前沿的一项重要工作，虽然普及程度比较高、推广力度也比较大，但真正认识科研的价值和真正深入到课题研究中的教师还为数不多。梁学军从1995年就开始进行教学研究，至今已经有近二十年，期间他付出了很多的劳动，也遇到了不少困难，但最终也获得了不少收益——他从教学科研中学到了很多的知识，掌握了许多的技能，并能从一定的理论高度去认识物理教学和学生发展问题，最终和科研结下了不解之缘。在课题开题、研究和撰写结题报告过程中，梁学军经历过一次次磨砺，一次次的奋斗，每个阶段下来都带给他无限的充实和欣慰。

新课改以来，中学物理教材内容有了很大变化，新版教材引入了探究性学习，在梁学军看来，探究性学习所采用的探究程序基本上和自己所使用的科研程序相同，课改初期，对于没有进行过课题研究的教师而言，对这种新的学习方式接受起来感觉到很困难，而对于早已进行过课题研究的梁学军来说，却是能够驾轻就熟的。正因为如此，梁学军所写的六篇探究案例被选入到21世纪北京市初中物理教学参考用书和学生用书之中，并被评为北京市初中物理教学优秀案例。

每当提起课题研究，梁学军就变得特别善谈，因为他对课题研究非常感兴趣，也非常擅长。在梁学军看来，科研过程本身就是一种无形的收获，有时这一过程所产生的效果要胜过课题结论。结论是有形的，过程则是无形的，课题过程中形成的能力更是人终身学习能力的一部分。

①科研的引路人与支持者。

1996年，梁学军申请了物理学史课题。1998年，北京市课题组在顺义八中召开了物理学史课题的现场会，秦晓文老师当时刚分配到北京教育科学研究院基础教育研究中心负责初中物理教学工作。他是硕士毕业生，比较年轻，北京教育科学研究院领导派他来参加现场会。他比较喜欢梁学军的课题，当时一般老师都在关注应试性课题，梁学军申请的课题则侧重学生素质的培养，他看了觉得很有价值。从那以后，秦晓文老师和梁学军就有了业务往来，并携手在北京市开展一些物理教学改革工作。当时，全国各中学进行探究教学实验的还不多，2001年新课改开始后才多起来，而他们二人这时候就已经开始着手了。可以说，他们是物理教学改革的先行者。

2000年，秦晓文老师去加拿大学习，他发现加拿大那边探究教学做得非常好，便马上收集整理加拿大做探究教学方面的材料，发回国内让北京教育科学研究院的同事邵泽义老师翻译整理，梁学军也参与了这一过程，在参与过程中梁学军接触、学习到大量探究教学方面的知识。经过两个月的努力，相关资料基本被翻译过来了，此后就被应用到北京市的新课程物理教学改革中，这在当时是走在全国前沿的，那些探究的内容即使到现在仍非常先进，至少在物理教学领域非常领先。

原顺义县教育局分管教学业务的刘尚勇副局长非常支持梁学军做科研，梁学军也特别佩服他，从他那里，梁学军知道了什么是课题、什么是科研。刘尚勇毕业于中国科技大学，毕业后曾到牛栏山一中教书，之后又被调到当时的顺义县教育局里当副局长，分管教学业务，他的思路、眼界都特别宽阔，为人大气、爽快，对顺义县素质教育的发展起到很好的推动作用。梁学军特别喜欢和他谈教育以及人的发展问题，对他至今佩服不已，并始终念念不忘其对自己的培养之情。

②科研的过程本身就是一种学习和成长。

1995年，梁学军所在的物理组为了开展物理教学科研活动，参加了北京市物理学史研究会。学会当时有个课题组正在研究物理学史，课题组的组长是原东城区教研中心的巴幼泉院长，他原来是物理教师，对于物理教学有很深的造诣，而且在全市物理教学界都有一定的影响，他们当时关注如何把物理学史纳入到物理教学中去，突出学史教学在中学物理教学中的地位。梁学军对这一课题非常感兴趣，就组织教师在顺义县先开展了一些活动，并召开几次研讨会。为了扩大影响，梁学军和学校领导商量举办一次较高级别的研讨会，邀请顺义县教育局刘尚勇副局长、首都师范大学物理系申先甲教授等有名望的专家共同探讨物理学史。专家们在会上帮助梁学军设计、完善了长远规划，并提出了一些具体的实施办法。刘局长建议梁学军把物理学史引入初中教学作为一个科研课题来研究，并要求他尽快到区教科所立项。最终，"在初中引进物理学史，培养学生科学素质的研究"被立项为顺义县"九五"科研课题，这是一个启蒙性的课题，也非常贴近物理教学实际。正是这个课题使梁学军对科研开始产生深厚的兴趣。从此，梁学军借助物理学史的课题研究走上了真正的科研道路。他从学习最基本的科研程序开始，学习如何选题、查阅文献、填写课题申报立项表，进而又学习如何写课题实施方案等。这些基本程序明确之后，物理学史课题进入到了真正的实施阶段。成立活动小组、设计调查表、开展活动、培训教师……在梁学军的带领下，课题组有条不紊地展开了各项工作。

为深化对物理学史的感性认识，1997年2月24日，梁学军邀请在全国物理学史界享有盛誉的清华大学教授郭奕玲先生，为全校学生做报告，讲述"钱三强的故事"。1998年11月7日，梁学军又邀请中国科学院高能物理研究所的研究员、《现代物理知识》编辑部负责人吴水清先生到八中做报告，讲述"中国两弹先驱王淦昌"的故事，吴先生用极其亲切的语言，讲述了王淦昌先生勇于探索、百折不挠的拼搏精神，严谨求实、一丝不苟的科学态度，以及为了我国的两弹研究而隐姓埋名，热爱祖国、无私奉献的高贵品质。

经过几年努力，教师和学生的收益都很多，教师从对物理学史了解很少到知之甚多，从最初不怎么感兴趣到兴趣浓厚，从自发地接触到自觉地执行，开始在自己执教的每次课上都尽力地去穿插一些相应的学史内容。学生们也从知道科学家到认识科学家，最终开始热爱科学家。这个过程在梁学军看来，就是一次最好的教育，这样一个有意义的过程胜过无数次说教，会给学生留下深刻的印象。

在课题研究的整个过程中，始终要有条不紊、认真细致地做好实施和记录工作，这就需要教师花费很多的精力，特别是到了结题阶段，需要花费的精力更多。2000 年，梁学军物理学史的课题结题时，正赶上顺义区教育局计划用这一课题在顺义八中召开全区的科研课题现场会，为此，几万字的课题集他前后整理修改了四五次，同时他还身兼筹备、组织会议的重任，那段时间他每天往往都要加班到夜里两三点。2000 年 4 月 20 日，这一课题进行了结题，并作为"区样板课题"在八中召开了结题现场会。在区"九五"科研课题总结表彰大会上，这一课题获得了一等奖。同日，在顺义区科技成果表彰大会上，这一课题又获得了顺义区科学技术进步三等奖。

继物理学史课题之后，梁学军还研究了"在初中培养青少年发明和创新能力的研究"的课题，该课题被立项为"十五"区级课题并于 2005 年顺利结题，获得了顺义区教育科研成果一等奖。在这一过程中，梁学军组织了许多活动，他带领老师和学生先后参观了中国科技馆、北京古观象台、清华大学黄河水利实验基地、顺义区三高农业科技示范区，帮助师生们扩大视野，了解相关科技的最新动态，他还组织老师们系统地学习创造发明相关的理论知识，拓宽课题研究的思路。

与此同时展开研究的一个课题，是梁学军承接的由北京师范大学何克抗教授主持的"中小学各学科'四结合'教学改革试验研究"，其内容是"学科教学改革、创新精神培养、实践能力训练、信息技术运用"四个方面结合的课题研究，各教研组都有自己的子课题。2005 年，梁学军还承担了区级课题"初中教师优秀课堂教学案例研究"。2006 年，该课题被北京市教育科学规划领导小组办公室审批为市级课题，并于 2010 年顺利结题。

梁学军在科研工作中投入了大量的精力，花费了无数的心血，同时也获得了丰富的经验和成果。持续不断的课题研究，给梁学军所在的物理组和他个人带来了很大收益。在荣誉和光环之外，梁学军最看重的还是通过课题研究所沉积下来的认识和感受，以及由此增长的经验和能力，这是特别实在的也最有价值的东西。

③在科研中开阔思路，增长才干。

从事科研活动必须去发现问题、分析问题和解决问题，必须遵守严格的科研程序，从事科研需要一定的能力，而能力又是怎样形成的呢？梁学军认为，能力就是毅力和精神的结晶体，只要人有毅力和精神，就可以去做某件事情，并且一定能够干好某件事情。一线教师做课题研究的确很苦、很累，没有毅力、没有点儿精神是做不好科研工作的，科研所花费的时间几乎耗费了梁学军所有课余时间。尽管有些辛苦，但是梁学军认为，开展课题研究对于自身发展是非常有价值的，在他看来，课题研究能使研究者的头脑更加清晰，思路更加开阔。

在开题之初，梁学军认为组织学生学习物理学史无非就是带领学生开展几次活动，让他们增加见识。在组织活动过程中，梁学军有时会不自觉地把自己良好的主观愿望当成良好的客观效果，但梁学军渐渐发现，由于教师学生对于课题研究认识不足，活动过程常常错失了很多有价值的东西。结题时，当课题的预期成果与有些专家的设想还有些差距时，梁学军开始反思，他发现，自己对课题研究没有清晰的认识，对课题的理解过于简单，课题研究仅仅停留在了表面而没有深入。通过研读有关科研程序和科研方法的书籍，梁学军深刻地认识到：进行课题研究必须充分认识课题研究的价值，坚持基本的原则，课题研究必须要目标明确、针对特定的问题持续推进、并且要注重实效性和严格的逻辑性。在此后的课题研究过程中，梁学军有意识地贯彻这些原则，并尝试把这一套原则方法应用到教学中去解决一些实际问题。长此以往，行为的积累就成了习惯，习惯的升华就沉淀为意识。也正是从事这样的课题研究，使梁学军发现了许多问题、思考了许多问题、解决了许多问题，从而形成了问题意识和主动思考的习惯。

通过开展课题研究，梁学军结识了很多专家学者，他们对于课题研究定位准确，思路开阔，这给梁学军留下了深刻的印象，对他的思维方式和科研能力等产生了很大的影响，在向专家学者学习的过程中，他的思路也愈发开阔，这也间接地促进了他的教育教学工作。

课题研究促进了梁学军的学习和提高。梁学军认为，人的惰性是很强的，没有压力就没动力，如果再缺乏兴趣，就很难潜心做一件事情。在物理学史课题研究过程中，梁学军需要编写科学家的生平资料，为此，需要翻阅大量的书籍、查阅大量的学史资料。尽管很辛苦，但他却越翻越上瘾，越查越觉得身边的书不够用，于是想尽办法搜集和购买科学家传记及相关资料。

此外，从事课题研究，迫使梁学军不得不去看、去想、去写，这也迫使他去学习文科老师们知识面广、擅长表达的优点，以弥补自身的不足，从而使他的专业知识、写作技能都有了很大的提高。

通过课题研究，梁学军感受到了课题组的老师们在课题研究前后的变化。在开展物理学史与教育案例课题之前，老师们几乎都是在概念、规律和习题之间周旋，每个人的知识面和思路都很狭窄，都局限在考试的小圈子里。开展了这些课题之后，梁学军先后组织物理老师观看了一些有关科学史及科技知识方面的录像，接触了一些在物理学史研究方面有成就的专家、学者，听了他们的一些讲座并与他们进行了多次座谈，此外，他们还走出校门去参观和听课，在这些活动中，老师们更加了解了科学家们在物理学发展过程中所做出的贡献，同时也了解了物理学发展中一些前沿知识和当前的科技动态，眼界大大开阔。由于从事课题研究，老师们的知识、观念、思维方式都发生了很大的变化，也促进了老师们电教水平的提高。例如，梁学军和课题组老师对电教的认识，就始于1997年去丰台十二中组织物理学史活动时，老师们在那里第一次见到了"背投"，也真切感受到电教设备的魅力。

通过课题研究，梁学军和其他老师们也增强了与外界的信息交流，结识了许多大专院校的专家、学者以及许多中学的知名物理教师，他们给顺义八中物理组教师的物理教育教学改革提供了有力的智力和技术支持。

梁学军认为，作为特级教师，都应该进行研究。研究是教师教育教学由实践知识上升到理论的关键，是由感性认识提炼出理性认识的必由之路。梁学军作为组长主动地承担起这份责任，他认为这是特级教师对自己负责的一种体现，也是自己开展物理教学改革创新义不容辞的责任。

对于教师从事科研的重要性，梁学军也有着自己的认识，他认为，"科研绝不会只是一种时尚，科研也绝不会只是一种口号，科研必将会成为每位教师工作必不可少的一部分。科研使人明智，科研使人充实，科研促人学习，科研富有情趣。科研并不深奥，科研也不神奇，人人都能去做。人人都能通过科研提升教学水平，教师今天做的科研尽管可能并不完善，就像抛出一块不成形的砖，一定会引出成百上千颗珍贵的玉来"。

### 5. 在探究和改革中创出活教育：路径、策略与方法

在教师的日常教育教学中，需要客观地对待应试，既不能忽视其作为考评依据所具有的合理性，也不能任其束缚以致扭曲教育的创造性。物理教师可以通过实验与推理，设置问题情境等方式促进学生对知识的理解和迁移，培养学生的自主学习意识与能力。

（1）从探究看应试，客观对待应试教育

2000年，梁学军就开始接触并亲自实践探究式教学，新课改开始以后，他又按照新课改精神进行相关研究。他认为，探究性的学习对于切实提高学生能力有帮助，应试性的内容只会带来一些短期效应。只抓应试教育，学生即使考取了大学，其未来发展也会出现问题。为此，他一有机会就创造条件让学生在观察、动手中探究活的知识。

事实上，从教师自身发展的角度看，只抓应试教育对教师也会造成伤害。现在，许多学校的老师特别疲劳、焦虑和倦怠。教师作为有知识的成年人，对许多事物有着自己的判断和选择。每天重复单调而机械的教学，又深知这种教学可能会对学生造成的危害，教师就会陷入一种被动无力的状态，其内心会产生巨大的压力，这种压力难以解除，必将伤害到教师本人。

虽然梁学军强调通过做实验探究活的知识，但是这并不代表梁学军就完全不在意应试，他认为学生的应试能力也是应该具备的，而且影响到学生的未来发展教师应该加以重视。实际上，中国有重考试的传统，而且我国是人口大国，在各种选拔人才的方式中考试目前还是最公平的方式，毕竟选拔人才总需要采取一定的考评形式，但他深知，片面强调考试成绩肯定是有问题的。对于以片面追求升学率的应试教育，梁学军有自己的看法，"有的学校出于生存的考虑狠抓应试，这有合理的一面，而且家长们也有这种需求。不过现在的应试确实有些走极端了。我觉得至少学生的基本能力素质在初一、初二的时候还得打好铺垫，到初三下半学期的时候再强调应试可能更合理。这有些像运动员训练，平时训练需要扎实，到最终快比赛的时候再来集训"。这些年，梁学军一直在思考如何平衡应试和提升学生素质之间的关系，初一、初二就开始搞应试肯定不合理，学生过早被强化会影响学生对基础知识的全面掌握，抑制他们的学习兴趣。为了暂时获取高分而死记硬背一些公式，实际效果也一般，如果没有很好的基础，学生就很难真正理解知识，很容易遗忘。这如同盖房子筑地基，地基铺垫不好，学生未来很难有很好的发展。

梁学军也注重应试，特别是刚开始从事初中物理教学那几年。当时，他把近五年中考物理试卷中的题目一题一题剪下来，然后进行归类分析。比如，五年内力学类题目归一类、热学类题目归一类。每种题目有什么规律？经常出什么题型？他都要逐一整理、归纳出来。梁学军刚开始教高中的时候也是这样。无论是中考还是高考，他都会仔细分析可能会围绕哪些知识点出题目，出什么类型的题目，学生的得分点、难点是什么。根据分析做出合理预测，然后在教学中逐渐渗透。梁学军认为，应试也需要教师多做研究，不然学生会很累。

搞素质教育面临一个问题，即如何迈过应试这道槛。教师首先要有自己的一套东西，先把应试做好了，处理好应试与教学改革的关系，才能尝试新的东西，不然的话，教师在学校会站不住脚。实际上，把学生的能力培养起来了，应试能力自然也就提高了，应试能力不能简单地理解为学生会做几道习题，现在的考试非常注重能力测试，并不

59

只是单纯考查知识。梁学军认为，"只要知识讲清楚了，训练也到位了，应试能力一定能培养出来"。教师只要不偏离应试需要培养的能力，只要将改革创新和知识教学有机地融合在一起，应试能力完全可以在素质教育中培养出来，两者并不是完全冲突的。

（2）超越教材，不让教材限制住教学

梁学军一直坚持活用教材，他认为："教师可以利用教材，但是不能被教材限制，需要突破教材。教师特别是资深教师可以根据课标和几个不同版本的教材，按照自己所教学生的实际自己编写教案。现在很多老师认为教材就是根，实际上，课标才是根，应依据课标编教案。教师应该站在教材之上、课标之下。这样定位就会使得自己既不脱离课标，又能自主选用教材。现在的教材很多，由于地域不同，其内容、形式存在很大差异，教师如果只参照某一种教材往往是有局限性的。教师需要在备课过程中多准备几套教材供自己参考使用。可以将几个版本的教材放在一起，根据授课需要选择、借鉴其中比较合理的内容。如果只是以某本教材为基础，却忽视了课标，教师容易受到教材的束缚，视野就不开阔，就不能教活。"

（3）坚持物理学基本研究方法：实验与推理

实验跟推理紧密相关。在研究物理现象的过程中，首先要建立假设，然后通过精心设计的实验去推理验证。如果结果与假设相符，则说明以前的假设是成立的；如果结果与假设不相符，则需要修正原有假设，重新实验。最终要达到二者的统一。物理教学方法需要遵循物理研究方法，物理教学中应该包括实验和推理两种基本方法。前者有助于学习者获得感性认识，后者有助于学习者获得理性认识。梁学军平时对实验特别注重，无论教初中还是教高中，他都喜欢让学生通过实验来理解知识，通过推理来验证实验结论。

（4）从基本概念入手，在不同学科的"交叉"与"借鉴"中活化教育教学

没有概念就没有理论、没有知识体系，学科功底的深厚源自对概念的深刻认识。梁学军认为，学习过程与教学过程不一样，教师需要根据学生的实际状况来设计教学。而学习的基础是理解基本概念，再

深奥的理论也是以基本概念为基础的。举个例子来说，初中物理教学中，在学习"力"这节内容时，"力"的概念是"物体之间一个物体对另外一个物体的作用"，"一个物体"、"另一个物体"、"作用"都是关键词，教师首先要带领学生通过实例提炼出关键词，然后再引导学生用文字把整个概念表述出来。而到了高中阶段，对概念的理解和学习就更为重要了，基本概念不清晰就无法进行后续的学习。有趣的是，梁学军有时会请语文老师在课堂上讲一些物理学中的概念。比如，语文教师讲句子成分，梁学军就请他以物理学中的概念为例，来分析句子成分。在这个过程中，物理成为语文应用的对象，语文成为物理教学的工具。教材中给出物理基本概念时，特别强调对限定词的运用，一个中心词往往有几个定语来限制和修饰，性质越相关，相关定语距离中心词就越近。此外，在英语学习中，时态非常重要，是英语重要的语法特征，而在物理概念表述中，同样也需要注意时态问题。各个学科本身之间存在紧密的联系，语文、数学可以作为物理学习的工具学科，不同学科的教师在教学中应注意学科的交叉与借鉴，学生采用交叉学习的方式可以促进不同学科内容的深度掌握，这既可以提高学习效率，又能提高学生的学习兴趣。

梁学军认为，学习理科和学习文科的人在思维方法上有一定的差异。这种差异在写文章、说话时尤为明显。学理科的人说话注重层次，条理清晰，喜欢用"第一"、"第二"、"第三"等字眼。梁学军自己给家长讲话往往就是这样："我先说两个大问题，第一个问题里面有六个方面，第二个包括三个方面。"梁学军认为："学文科的人想象力丰富，相对而言，显得更有激情。文科老师多无拘无束，理科老师更尊重逻辑与规律。文理科老师各有千秋，也各有不足，文科老师刚柔并举，但活而易散；理科老师条清层明，但范而易僵，有时候会显得生硬，感觉不柔和。因此，文科老师在逻辑和条理方面应该向理科老师学习，增强表述的合理性，理科老师在感情表达、语言表述方面应多向文科老师学习，增加一些亲和力，这对于教书育人的事业是完全必要的。"

（5）给学生提供脉络性知识，借助故事让"硬物理"变得柔和

学生都有好奇的天性，物理中有很多知识有其来源出处，有一定

梁学军指导学生学习

的故事脉络,教师上课时如果适当地引入一些脉络性的故事内容,更容易让学生感兴趣,取得良好的教学效果。梁学军是中国科技史学会会员,并一直都在开展物理学史的课题研究,他积累了大量与科学家有关的故事,上课时穿插着给学生们讲解,学生非常喜欢听。

梁学军指出,教师提供知识脉络过程中要注意符合学生的心理,"老师进行物理教学时引进一些物理野史、相关故事,加入一些文学性的内容,这样课堂才能有活力,学生也会觉得这个老师懂得挺多、知识面宽。同时,有故事脉络的知识是学生最容易接受也是最容易记住的,一些物理教材为了体现知识的权威性,往往删减了知识生成发展的脉络,使内容变得非常生硬,实际上不利于提高学习效果"。

梁学军为了让物理教学由硬变软,由枯燥刻板变得活泼生动,使教学过程更富有情趣,平时经常收集一些与教学相关的史实和典故,教学中需要时就随时拿来运用。例如,梁学军在讲压力、压强时,引入"二战"时盟军为了在意大利西西里岛顺利登陆,开战前请岩石专家采取当地土壤样本,测算出滩地能够承载的重量,进而改变坦克设计、顺利登陆的事实,从而使一堂枯燥的理论课变得柔和许多。类似的尝试还有很多，这样的尝试也让梁学军意识到，收集一些有趣的故事然后精心地将它与物理知识放在一起，枯燥的物理教学就会变得有趣起来，也更容易被学生接受和理解。

（6）提开放性问题培养学生质疑精神

梁学军认为："物理学有一些经典理论曾一度被放在'祭坛'上不允许碰触和质疑，比如牛顿提出的经典力学，已经成为物理学领域的《圣经》，学习者只要认真学习就行了。如果课堂上有学生问'牛顿定律有什么问题没有？'，一些老师反而会觉得这个提问的学生'有问题'似的。实际上，经典并不是不可以挑战，否则物理学也不可能向前发展。爱因斯坦就是牛顿力学的突破者，正是他挑战了传统经典物理学并发展了物理学。"同样，学生有探究的天性，教师提问时，需要保持问题的开放性，保护学生的探究天性，培养学生敢于质疑的精神。

天平是物理学科非常经典的仪器，一般人都认为它是一个无可置疑、非常完美的仪器。如同物理学领域中牛顿的理论，如果有人想改改，很可能会被他人视为不自量力。而梁学军的学生却对看起来非常完美的仪器——天平砝码进行了改造，并在首届全国中小学劳技教创新作品邀请赛中获得一等奖。

改变天平固有的砝码，扩大它的测量范围，不只是需要一种勇气，它实际上包含了一个严密的组合推理过程。同时，它还需要以实验做支撑，研究它的可行性。当时，顺义八中一位劳技老师想要参加全市比赛，因为也曾教过物理，并且知道梁学军比较擅长竞赛，就找他商量看什么项目比较合适。梁学军想，问问学生可能会有所启发。当时他的物理课正好讲到天平，尽管天平是一种经典仪器，梁学军却鼓励学生给天平挑毛病："大家挑一挑看，天平有什么毛病，挑完以后写出来，明天我们进行交流。"第二天交流的时候，有的学生说固体砝码不好，液体砝码好，液体一滴一滴可以连续。还有的同学提出天平的臂可以改一改，变成可调节的。有一位同学站起来说："我觉得天平的砝码还可以改一下。"当时梁学军愣了一下，心想砝码还有什么可以改的，不过还是鼓励他说下去，"您不是说天平的砝码数值1、2、2、5和人民币的数值一样吗？我认为取这样的四个值不好，它的组合范围太小了。"梁学军追问他:"那你觉得应该取哪些值?能够组合出什么样的范围?"他回答说:"我认为可以用1、2、4、8。可以组合12~15的连续数字,同样也是4个数,组合的范围能变成原来组合的一倍半。"

梁学军感到这件事挺新奇,但由于上课期间还有正常的教学任务,没有时间思考这个问题,就对这个学生说:"这样吧,我觉得你这种想法很好,很有创意。你可以把你所想的组合方式用文字写出来,然后和原来的组合方式进行对比,写成一篇小论文,明天交给我。全班可以找一个时间共同研究一下,说不定可以有一项新的创举呢!"学生欣然答应。

第二天,一篇整齐的小论文交了上来,内容有理有据,梁学军在文章的上面加了一个题目"对天平砝码配置的探究"。根据这个创意,梁学军又将一些砝码给了他,让他将5克和10克砝码变成4克和8克,加上原来的1克和2克,最终一架砝码取值为1、2、4、8的砝码改进式天平诞生了!

这件事让梁学军深刻地感受到,教师需要改变以往学生被动学习的局面,进而激发他们的积极性、主动性,相信学生,如此才能真正培养他们的质疑精神。梁学军认为:"学生提问题,没有对错之分,只要他提出来就是好的,就应该得到鼓励。学生提出的问题教师可以和他讨论,但教师不能挫伤学生的积极性,即使答案可能是错误的也应该鼓励,因为这只不过说明他在知识方面还有所欠缺,但是他主动探究质疑的精神却是值得鼓励的。从某种意义上说,学生主动探究质疑的精神比知识更重要,它是一种可以生成新知识的资源和动力。学生提问题总比不提强,毕竟它提供了师生一起深入探讨、学习的机会,而且探究质疑之后学生会记忆得更深刻。"

(7) 重估经典的价值

学生的质疑、挑战对教师也是一种促动。以前梁学军没有想过"经典力学"这个词背后的意义,受学生促动,他开始仔细思考。"为什么称他们为经典呢?他们表述的是物理学领域最基本的概念、事实,是学习物理从事物理学研究的人最基本的知识。但是物理学的经典不应该等同于宗教的经典。物理学的经典常会伴随着物理学研究的发展而发展，它并不排斥对其自身的科学质疑，教师可以相信经典，但不能迷信经典。"

## 小结

根据梁学军这些年的发展状况，我们似乎可以把他迄今为止的发展过程粗略地划分为三个阶段。第一阶段，就是实干。梁学军在"创业"的过程中，不遗余力地进行中学物理教育教学改革，只要他承担过来的工作或者课题，就倾力把它做好。第二个阶段是逐渐成熟的阶段，梁学军在各方面，特别是在专业上，包括做组长从事年级管理工作等方面有了系统而深入的思考，逐渐走向成熟。到了当下，便进入了第三阶段，即已经相对成熟的阶段，此时的梁学军，已经在教育教学方面显现出自身的特色来，甚至我们感到，越到后来，周围的人越觉得他具有鲜明的特点和风格。同事认为："每个专家跟其他专家都会有所不同，易中天有易中天的风格，于丹有于丹的风格，梁学军有梁学军的风格。他就是这样，并未刻意去想、刻意去追求，一切都源自他在物理教育教学中的积累，他对于物理教育教学的深层次思考，以及一以贯之的坚持。"

梁学军实干的阶段，许多老师可能都经历过了，但他比别人更加用心，下的功夫更深。再者，他具备一些别人没有的条件，比如说他兴趣广泛、知识面宽，这更有利于教师出成果。而且，对于自身的成长与发展，梁学军有整体的计划，有想法、有行动。事实上，人最难得的就是既有想法，又能坚持去做。

纵观梁学军的成长过程，他的成长与发展包含了两个相互关联的动力系统，即内部动力系统与外部动力系统。内部动力系统指的是梁学军对教育事业的爱，对各种困难的积极态度，对他人的理解与尊重，对于学习的热忱，对于改进教学的乐此不疲，以及追求教育本真的执着。外部动力系统主要是国家教育教学改革、北京市中小学教育教学改革、物理教学改革以及培养名师的竞赛课题研究制度等，这些外部环境在梁学军的不同发展阶段提供了动力、启示和支持。

梁学军刚毕业时只有 20 多岁，年龄和所教的学生差别不大，与学生们有许多共同的话题，也非常愿意与学生打成一片。他把最初教书的七八年时间称为"朦胧适应期"。在那段日子里，梁学军始终穿梭在初、高中的教材之中，从知识的认识到教法的体验，从研究知识到研究学生。经过几年的磨炼，梁学军系统地梳理了初、高中的知识结构，积累了丰富的教学经验，成为一名学生喜欢、家长认可、学校重用的老师。

此后很长一段时间，虽然梁学军在日常物理教学上驾轻就熟，管理学生也很顺手，但总有这样一种感觉，觉得自己始终在丛林中钻来钻去，究竟还有多少个区域没有涉猎，究竟还有多少条路没有探究，他很迷惑，一度处在迷茫之中。1998 年，梁学军去广州出差，那几天连续下大雨，最后一天他们一行乘飞机返回，登机前依然是大雨滂沱、乌云密布，随着飞机的腾空而起，瞬时间钻出云层便是阳光灿烂，展现在眼前的是一片浮游的云海。刹那间，梁学军似乎找到了感觉：原来风雨过后就会有美好的天空，勇于突破、超越自己才是自己应该追寻的。如果我们将当年身处迷茫的梁学军和今天依然执着钻研创新的他相互对照，我们也许可以这样认为，一个人需要不断地攀登，不断地挑战，不断地向着新的高度进发。唯有如此，才能在求真求实的育人路上不断创新……

从 1986 年参加工作至今，梁学军已经从教 20 多年，期间教授过初、高中各年级的物理课程，出任教研组长 10 年。无论在教育教学还是在管理工作中，梁学军始终坚信教育是服务于人的生活的，物理教学应该与生活紧密联系，奉行教育家陶行知先生的名言"千教万教教人求真，千学万学学做真人"。他在坚持物理教学的实验品格的同时，不断通过课题研究创新自己的教育教学，并逐步形成属于自己的重实验、联系生活和强调创新的教育教学风格。

人一旦把某一方面、某一个领域钻研透彻，就可以在其他方面也做得非常出色，因为很多事物尽管形式不同，但道理相通、方法相似。从事体育运动项目的李宁经营服装，他管理企业的理念和方法大都是来自于对体育的理解和认识。同样，日常生活当中，有很多事情蕴涵着丰富的物理知识，通过有意识地把物理方法和知识迁移到生活中，把生活中的智慧迁移到物理教育教学中，"硬"物理在梁学军的课堂中便显得格外柔和。

经过多年的教学实践和思考，梁学军对教育形成了这样一种认识：教育本身包含两个方面，一方面是有形的显性教育，另一种是无形的隐性教育。显性的教育在学生头脑中形成的是知识，隐性的教育在学生头脑中形成的是理念、意识和能力，它们对于学生的未来发展具有同等价值。梁学军深信，"热爱、勤奋、科学、艺术"是教育者的四大主题，虽然他觉得自己在这其中只是做到了微小的一点一滴，但是他坚信，只要有爱，只要有热情，他就能在这条路上不断发现新的风景……

# 思想：
# 难物理中走出来的活教育

一直以来，教师难教、学生难学困扰着物理教学。物理学看起来容易，许多物理现象就发生在我们身边，生活中随处可见，但却很难被清晰地描述出来，学生学起来比较难。车辆启动时人往后倒，刹车时人往前倾；电线粗细与允许通过的电流之间的关系；两个球体碰撞后会发生各种不同的运动状态和方向，等等，这些现象我们在生活中都能看到，比较容易形成直观感受，但其背后涉及的物理学原理、概念却又抽象而复杂，很多学生学习时总是感到费解，难以记忆。

物理难教、难学还表现在，物理知识高度抽象，很难在课堂环境中复制展现出来。一些定律即使借助现代信息技术可以被展示出来，却也只能看到，无法切身感受得到，而知识的学习和掌握往往需要学生自己动手做，才能有深切的体验和理解。物理学习最基本的方法——实验与推理既需要动手又需要严密的逻辑论证，但是受教学条件限制或者教师本人缺少相关的训练，实验往往做不了。这上述种种更加造成了物理难教且不易学的局面。

此外，物理教材通常采用"演绎法"而不是"历史法"编写而成，在内容组织上多按照教师的教而不是按照学生学的需要来安排。教科书中舍弃了物理科学历史发展过程中那些生动具体的情节，使得本来生动丰富的内容显得枯燥和难以理解，造成许多学生在接触物理知识时总是有种"云里雾里"的感觉。

对于学生而言，学生生活在现实世界而不是高深莫测的科学世界之中。在教材中，物理知识多是以规律、公式形式呈现，尽管这些规律很多都与学生生活中的一些经验存在一定相关，但是教材上这类知识往往已经去情境化，事实上并不能得到学生既有经验的有效支撑，而且部分规律虽然与经验多少有些相关，可是又与我们日常生活中的相关理解不尽相同，反而常会妨碍了学生对物理现象的科学理解，给物理的教和学造成困难。

活教育思想最早由我国著名幼儿教育专家陈鹤琴提出。他提出活教育，主要是针对当时的"死教育"。即教育目的是死读书而不是教做人，教育脱离实际，课程教材固定，教学机械而呆板，一切教学集中在教师"讲"、儿童"听"，学生是否有相关的基础并不重要，也不问儿童是否理解，只是按照教学计划一节节地上。为实践活教育理论，陈鹤琴创办了新式学校。他所创办的学校校徽上是一只小狮子图案，象征着每个儿童心中都蕴藏着极大的潜在力量，睡狮醒来，知道自己所处的时代，知道自己对社会、人类、学校应负的责任，就能成为一个"自觉"的人、一个能承担的人，继而就有力量、有信心去克服任何困难，完成任何事业。学校的班级则以"光明"、"创造"、"服务"、"真理"、"建设"、"互助"、"劳动"等命名，蕴涵着希望培养一批追求光明、真理，有创造服务精神，有劳动本领，手脑并用、文武合一的活教师、活学生。

活教育的三大目标是"做人，做中国人，做现代中国人"，这是活教育的立足点，它规定着"活教育"的教育内容、教育原则和教育方法等。活教育提倡"做中学，做中教，做中求进步"。在做的过程中去学，在做的过程中去教，在做的过程中教学相长、共同发展。做不只是限于双手做，凡是耳闻目睹、调查研究都包括在内，包含了"用手脚去探索世界，用脑去思考实践"的双重含义。做是活动，它是连接主客体的桥梁，是认知发展最直接的源泉。

梁学军所实践的物理学科的活教育是为了克服当前物理教学过于倚重僵化的知识传授，过于注重应试，物理难教不容易学的弊病，让与生活有着紧密关系的物理教育回归生活，关注学生真实需要，让学生在实验、推理中，在真实生活中积极主动地学习有用的物理知识并形成能力。

# 一、以学生发展为核心的活教育思想

梁学军提倡中学教育教学要关注中学生的特点，服务于中学生的发展。中学物理教学必须以实验为基础，给学生学习抽象的物理定律提供直观的经验支持，并促进学生在动手能力和思维水平上有所发展。

### 1. 教育能给学生什么？

梁学军常问自己，也问身边的同行——"教育能够给学生什么？学生的发展道路难道只有考试一条？我们是否需要等到家长对应试教育说'不'的时候才有所行动？将来学生越来越少，大学生就业越来越不景气，家长会看得越来越透，会怀疑一切以升学为目标的教育到底有多少价值！学生的学习为什么要那么累，身体要紧！"无论是谁，只要是真心关注学生发展的人，都要遵循这样一个顺序：生命、身体然后才是学习。这是人由自然存在物发展到社会存在物仍需要坚持的天然顺序，否则就是一种"异化"。

教育能够给学生什么？实际上问的是培养什么样的人以及如何培养人的问题。西方国家很早就注意把学校的培养目标同整个社会的发展联系起来。三百多年前的洛克在《教育漫话》里告诫英国上层社会，要使自己的孩子习惯于睡硬板床，学会几种手艺等。因为英国当时正处在同西班牙争夺海上霸权，开拓海上殖民地的时期，只有这种吃苦耐劳、能够应对海上活动和殖民战争等复杂环境的人，才能适应英国国家发展的需要。

无论是在西方还是在中国，教育都需要给学生一点值得珍视的、有用的内容，素质不是考完试可以扔掉的、无足轻重的东西，它需要内化并在需要的时候能够展现出来。梁学军说："我们的学生学习三年，从学校这里总应该能够获取一定的财富，知识和能力当然是学校给学生的主要财富，但这还不够，还需要给学生健康的身体。从初一到初三，我经常告诉学生要拼命学、拼命玩。拼命学就是要学知识长本领；拼命玩的意思，就是要有一个好身体，而且玩的得正规一点，玩篮球、打乒乓球有章法、有技巧，自己不会可以向别的同学学习。学习是一种生存本领，是人发展的基础。学生身体好，学习能力强，以后毕业进入社会才能更好地适应不断变化的社会。"

学生毕业时，物理教育教学能够带给学生的是什么？梁学军对物理教学的价值有很深的理解，在他看来最重要的是思维能力。同时，还应当让学生知道一些物理学知识，过去不清楚的弄清楚，过去不明白的弄明白。梁学军经常说："学生学完物理两年也好，五年也好，出去以后问自己，物理给了他什么有价值的东西，是不是说只会做几道题？将来学生回忆老师、回忆物理课能够想起什么？物理作为一门学科需要给学生提供三方面的帮助：低层次的是知识的获得，中层次的是方法的迁移，高层次的则是人生观、价值观的陶冶。"

## 2. 放大的制度，变小了的人

新闻报道里经常说，应试教育使得学生无辜，家长无奈，学校没辙。在现代社会，作为一种制度化存在，"学校对于儿童来说，从来没有什么乐趣。同样对于家长来说，学校往往被看成一个异己的世界，对于它所教育的人似乎充满了敌意和冷淡"①。作为长期工作在一线的教师，梁学军深切地反思，"现在的学生很累，现在的教师很累，现在的家长很累，现在的校长也很累，累得莫名其妙，累得无可奈何。家长处在两难地步，如果不强迫孩子学习，将直接影响孩子的升学，强迫孩子学习又常会影响他们身心健康，最终很多家长只能以孩子身体为代价换取期待中的入学通知。教师、校长的压力也很大，各种量化指标、颁奖评比都看重升学率，一些行政主管部门也需要升学率，升学率关系到学校未来生存发展的基础（生源质量、学校的社会声誉等），种种顾虑和无奈天天压在人们的头顶上。于是教育演变成了一种表面化的教育，成了一种不安静的、浮躁而庸俗的教育。这样的顾虑与无奈从根本上打破了人的生存规律和环境，就如同打破植物生长的规律，改变其生存环境一样。反季节、催生性的蔬菜已经令许多人质疑，而人的生长又是否可以反季节呢？"

如果教师和学生每天只是做习题应付考试，很容易产生倦怠。在应试教育影响下，教师和学生变得越来越"小"，这种"小"主要表现为教师和学生行动自主性减弱，可以自由活动的空间被应试教育挤占。人沦为应试教育的附属物，一个越来越不自由的存在。正如许多

---

① 鲍尔斯，金蒂斯. 美国：经济生活和教育改革 [M]. 王佩雄，等，译. 上海：上海教育出版社，1990：300.

专家所指出的，应试教育关系到学校主要领导、教育行政主管部门甚至地方政府的政绩，也涉及家长的切身利益，是块硬骨头。一些媒体出于功利需要，在报道某些学校的教育、教学成果时总是把升学率作为一种噱头来招引别人的眼球，这也起着推波助澜的作用。从这个意义上来说，教育问题很大程度上是社会问题，它需要解决的问题是源自社会的，并不能由教育独自解决。因而改革发展教育需要净化教育环境，这是一项极其必要，也是一项十分艰巨的工作，需要全社会的努力。

从学生未来健康发展的角度看，每一位教师，每一位校长，每一位家长在改革教育的过程中都应该是积极的、重要的参与者，从自己做起，一点一滴地改善日常的教育教学，为教育教学改革创造相对宽松的环境。在梁学军看来，每个教师都不应该被动地成为应试教育的奴隶！教育者需要勇于变革，善于变革，任何有意义的、让教育重心回到学生真实发展的改革行动都是必要的、值得鼓励的！

### 3. 教育的根本在于文化育人，是一门用心的艺术

2007 年年底，梁学军去美国学习。回来后，他感觉到国内的公民素质和美国还有很大的差距，这促使他反思我国的教育。"现在中学课本中的一些内容，既没有多少知识也缺少教育内涵。现在的孩子人际关系冷漠，但是我们的学校教育并没有给予足够的重视。中国在世界上是讲究礼仪最多，也是最悠久的国家，为什么这些年中国人在这方面出现的问题却很多？教育不能盲目强调不切实际的理想，脱离现实，追逐知识却忽略生活。西方在这方面很实际，法国有位女性家长家里爬进来好多蚂蚁，她想把蚂蚁赶走，打死几只蚂蚁后，剩下的蚂蚁马上都走了，她告诫自己的孩子，这是危害家里生活的害虫，但它也是生命，你也要保护，不能全打死。还有，美国的西点军校设立了很多教堂，他们用宗教向全民灌输道德伦理方面的内容，要求互相约束，第一不能影响别人，影响别人就应当被惩罚；第二要善待他人。西方是以宗教影响着人的思想，中国以前靠日常伦理维持基本社会秩序，现在受市场经济冲击，社会整体道德水平下滑，出现诸多社会道德问

题。社会进步是历史的必然，但是也不能一味地对传统文化进行革命，传统也并不一定意味着落后，部分内容可以进行转化，并加以继承发扬。"

教育是一门用心的艺术。我们通常说教书育人，教书是基于书本进行教学，而育人则需要从心开始。事实上，如果学生对教师从心里看不起，不认同教师的所作所为，教师的苦口婆心在学生眼中就会变成"啰唆"，老师也会被学生认为是"老古董"。学生许多时候判断教师并不单纯依据教师的教育教学能力，而是综合教师各种素养做整体判断，教师在教育工作中是否用心是这种整体判断的核心。教育是心与心的寄托，教育是情与情的传递。

### 4. "活"的意味

陈鹤琴在《活教育》创刊词上论说了创立活教育理论的宗旨就是要改变陶行知描写中国教育"教死书，死教书，教师死；读死书，死读书，读书死"的腐化情形，使教师"教活书，活教书，教书活"，让学生"读活书，活读书，读书活"，使教育变得有生气。梁学军所身体力行的活教育，其所指的"活"就是要有活的教师，拿活的东西，用活的教学方法去教育活的人。也就是说，在教学过程中，教师要教得活，学生要学得活。"活"意味着看到并充分尊重学生的自主性，意识到知识的动态生成性，意识到教育教学过程的复杂性、互动生成性，它涉及体制、机制、班组安排等，但更多地需要通过具体的"活"师生关系、"活"的言行来实现。

怎样才能使教师教得活，学生学得活？梁学军认为，学生学得活是教师教得活的结果，衡量学生学得活的标准是学生能否创造性地运用所学知识。也就是学生学习活动结束之后，有没有创造能力与创造兴趣。因此，教师的全部工作，就在于创设条件激发学生的创造兴趣，培养学生的创造能力。在教学中，教师需要鼓励学生去体验和发现他们所生活的世界，一个属于他们自己的世界，自己动手动脚去做自己的事情，去思考他们能想到的问题。在实践活动中，教师要指导学生通过感官的感知，手、脚、大脑的运用，发现问题解决问题并从中获得经验。在梁学军看来，将物理理论学习与实际操作结合起来，这一过程既能保持教师的积极性，也可以保持学生的积极性。

（1）活的学生观：学生是有差异的、自主发展的主体

学生不是平面化的小大人，他们有自身存在的价值和意义。教师不能单纯只是做医生，为了让孩子咽下苦药水，便在杯子边缘涂抹上蜂蜜。为了让学生不觉得听课和写作业是痛苦，就给学生糖果吃。教学是为了促进他们的健康发展，而不是片面地用一些"糖果"诱导他们做事。无论是做班主任还是做一名普通教师，梁学军始终把学生的自主发展放在第一位，把学生"成人"放在第一位，而把学生"成才"放在第二位。梁学军一直认为，学生是具有独立人格、可以自主发展的人，甚至是能够给自己很多启发的朋友。

在日常教育教学中，无论是社会公众还是教育工作者，谁都不承认自己是把学生当物来对待的，但是社会上有许多关于教育的隐喻，如"教师是塑造人类灵魂的工程师"、"教师是园丁"等，却反映了隐藏着的将学生物化的学生观，至少把他们作为一个可以塑造的"物"，至多是把学生看作会生长的"物"。① 梁学军认为："教育既不能将学生看成无生命的物，也不能将学生看死了。"教师需要尊重学生，相信学生发展的潜能，重视学生自主性的培养。在"活教育"中，教师敞亮内心，学生张扬个性，师生双方共享彼此的经验和情感，师生始终处于"活着"的状态而不是某一方面的被动或主动。

在梁学军看来，虽然社会公众习惯上笼统地说"学生"，但是在真实的教育教学中，每个学生都是有血有肉的独特个体。在现实中，人们往往从成绩角度来划分学生，比如一个班级的学生被划为优秀生、中等生和后进生三类不同的群体，不同群体之间存在很大差异。教师特别是班主任教师需要保证优秀生有追求方向，中等生有希望，后进生有快乐。以上这种划分是最一般的划分。而如果以学生思想道德发展状况看，他们又可以划分为听话的模范生，不捣乱的沉默者，调皮

捣乱的学生等。总的来说，成绩好的学生通常比较遵守纪律，但是也存在成绩好的学生存在教育偏差行为的情况。给不同类型的学生命名并加以区分，在方便管理、实现统一"教"的步伐策略的同时，也面临着抹杀学生个体差异的风险。每个学生都是鲜活而独特的生命存在，教师在处置问题学生的时候，需要综合考虑每个学生身上所承载的具体而复杂的因素并予以灵活应对。

（2）活的知识观：跳出物理看物理

"知识与教育之间存在内在关联。一方面，教育是知识筛选、传播、分配、积累和发展的重要途径；另一方面，知识是教育的重要内容和载体。……然而，知识与教育之间的关系却并非是自然的或天然的，它有着更为深厚的动力基础——实践或社会实践。"① 今天，随着知识的扩张，知识似乎已无所不能，甚至背离实践的现实需求，进而贸然进入人的心理、精神世界并开始约束人的精神发展。如果今天我们问斯宾塞曾经问过的问题——"什么知识最有价值"，我们或许已经很难简单回答。知识越来越多，越来越细化，但是似乎离我们的生活越来越远，甚至背离了其赖以存在与发展的社会实践这一基础，人特别是"非特定圈子内的人"越来越难以理解"特定圈子"的知识。知识学习被简化为背离人的现实需要的，与人通过手脚发肤等产生的直接经验相对立的存在。于是，似乎人的知识积累越多，人的情感、情绪剩得越少。而人的自主学习能力则伴随着知识对经验的脱离而衰减。

梁学军认为："如果教师教半天，教给学生一堆知识，但学生就是不明白，那么，这种教学是有问题的。教学需要对学生有所启示，教师不能自我限定。物理学科之外的内容，似乎无关紧要，但事实上非常有助于提高教师的教学效果，教师需要跳出物理看物理，跳出物理教物理，才能知道自己所教的知识处于什么位置，才知道自己是否符合社会实践的要求和学生实际，这样才能把物理教活了。"在梁学军看来，教师是活的，学生也是活的，无论是教师还是学生，都不能够被体系化的知识、僵硬的知识结构约束住。

---

① 石中英．知识转型与教育改革［M］．北京：教育科学出版社，2001：1．

（3）活的教学观：教学是预设与生成的统一，有计划安排后的动态平衡

物理学追求确定的知识，为此严格限定实验的条件和基础，注重理性化的逻辑推理。作为传承物理学知识的物理教学，同样讲究对确定性物理知识的探究，这种探究尽管可能只是对原有知识历程的复制和重演。但是对于参与这一过程的教师和学生而言，梁学军认为，教师需要既坚持既有的教学计划、知识规范，又需要给学生创造大胆探究的条件和氛围。教师需要培养学生的探究意识，并让学生经历与科学家类似的探究过程。同时，教师还需要保持开放的心态，欢迎容纳学生可能针对教育教学提出的任何"奇谈怪论"。

教学中的"活"是灵活而不是乱来。教师在教学中，一方面需要根据情境、对象和内容的变化灵活调整自身教育教学的行为和策略；另一方面则需要按照一定的规范，遵循特定的要求，按照国家课程标准有计划地完成日常教育教学行为。日常化的行动最容易让教师丧失对于新知识和学生的敏感性，尽管学生和教材都已可能发生了很大的变化，但在教师眼中仍是没有什么差异的抽象符号——"学生"而不是"某某学生"，一个有血有肉有自己酸甜苦辣的活生生的人。于是，教师继续按照自己早已熟悉的节奏、模式展开自己的教育教学行动，似乎变化是外在的，根本与自己无关，自己只要抓住应试就一切都好办。长时间下来，教师会逐渐丧失对于教育的思考能力，对自身教育教学行动的反思改进能力。为避免这种状况，梁学军认为，重要的一点是教师成为有活力的终身学习者，关注本学科最新的知识进展以及本学科教育教学理念和实践的新发展，并且将自己向学生开放，敏感于学生的变化，根据学生的变化结合自身实际做一位"积极的"而不是被动应付的"消极的"教师。①

活教育就是要解放学生，让学生学会在探究和思考中成长，并逐步形成丰富的个性和独立的人格，将学生从封闭的教室空间中解放出

---

① 弗洛姆在《生命之爱》中指出，现代社会的人需要超越对"积极"和"消极"的一般性理解，他们不只是与目的的实现有关。积极是人类天生的活力，是人类肉体和精神的力量源泉。积极就是充满活力，需要开发和唤醒人类在通常情况下被掩盖和受到压抑的力量。

来，释放学生的手脚，激活学生的心灵，让学生在参与性经验活动中学会批判性思考，实现自主发展。活教育的教学空间是开放的，而不是局限于狭隘封闭的教室。千姿百态的社会、无限广阔的大自然都是活教育的资源，学生可以在开放的教育空间中学到课堂上学不到的、有血有肉的知识。活教育要求课程的内容活、形式活、情境活，师生双方的知识活、经验活、智力活、能力活、情感活、精神活和生命活。活教育要求活化物理课堂上的一切环节和过程，克服课堂教学过程的机械、僵化，由单一的学生听讲转变为学生演讲、学生主讲、师生共同探究等活的形式。课堂活起来，学生才有可能主动且生动活泼地发展，这与传统的"沉闷，死气沉沉"的课堂——教师照本宣科满堂灌，学生昏昏欲睡，思维呆滞，课堂无欢声笑语是相对立的。

## 二、活的物理学科教学思想

受科学主义的影响，物理知识的积累与发展过程中人的非理性因素作用被有意无意地忽视了。实际上，物理知识即便被称为"科学知识"，也是特定情境、特定知识传统的产物，并不具有永恒的正确性。梁学军认为，在特定情境中使用此类知识的时候，需要我们拥有柔性的知识观，而在传授知识的过程中则要以更灵活的形式活化学生对知识的认识，积极鼓励学生通过自己的探究，寻找建构属于他们自己的知识。

物理教学需要以生活中的问题为切入点，培养学生理论联系实际的能力。物理教学需要培养学生用所学的知识分析解决实际问题的能力。梁学军指出，教师在讲解完基本知识后，还要讲解如何运用这些知识来分析解决典型的实际问题，使学生懂得在实际问题面前应如何着手分析，然后，再通过练习让学生独立去分析解决一些简单的有实际意义的问题，以培养他们独立解决问题的能力和信心，在某些情况下还可以让学生去分析解决一些课本中没有涉及的问题，让学生自己提出问题、找出解决问题的办法。教师在将物理理论联系实际的时候，范围应当宽泛一些，不能只限于生产实际，日常生活、科学研究以及社会问题都可以联系。

梁学军主张，物理教学应当回到物理知识的基础——实验和生活中来思考和改革物理教育教学。他认为，"物理教学不能单纯只以书本为中心，简单地把一本教科书摊开，遮住儿童的两只眼睛，儿童所看见的世界，不过是六寸宽九寸长的书本世界而已。大自然和社会都是学习物理的好教材，实验和生活是物理教与学的基础"。

### 1. 物理教学，概念为纲

一般说来，概念是指客观事物的本质属性在思维中的反映。讲清概念需要抓住事物和现象最一般的、本质的特征，不能含糊其词。物理中有许多概念，它们为学习物理提供了基本框架。不过，教师在向学生介绍新概念时最好不要一开始就下定义，应该逐步明确概念的外延和内涵。例如，"电磁感应"这个概念所包含的范围（外延），有互感现象、自感现象、涡流现象等利用磁场产生电流的现象，还包括产生的反电动势等现象；它的本质特征（内涵）是指导体作切割磁感线的运动，或处于变化的磁场中，从而产生感应电动势。

### 2. 物理中有生活

梁学军在思考物理的过程中总是尝试用基本的物理概念来解释日常生活，用物理来理解人的生活。在他看来，这一方面可以活化对物理概念的理解；另一方面，可以通过简洁的概念帮助人更深刻地理解和把握生活，从而改变人的心态，提高人们的生活质量。例如，物理里面有摩擦系数等诸如此类的系数，梁学军认为，学生的情感与之类似，可以引入快乐系数来描述。快乐系数的高低决定了学生是否是一个乐观的人。快乐系数高还是低，相当于合格率的高或低。数学里面的数轴，化学里面的 pH 值，物理里面的系数，本质上都有些类似，只是具体说法不同，物理中称它为系数，在生活当中可能称为"率"。梁学军经常借用这类语言给学生写赠言，如，"经过努力，你一定会在人生坐标系上找到恰当合理的位置。"

对于学习，梁学军有自己的物理化的理解："学习就是$s$、$v$、$t$，$v$是学习速度、学习效率，$t$是学习时间，$s$是学习的成果，$s=vt$。如果学习效率高，又肯下功夫，最后你积累的成果就会多一些。有的人速度快、效率高，但学得时间少，因而积累也少，就不会有很好的效果。这说明学习的问题包括勤和敏两个方面，对于不同学生一定要因人而异，不可过于苛求，否则学习活动就有可能变成一种损伤心灵的行动。"教师对物理常识的灵活运用属于高层次的知识运用，是形成一种物理意识的体现，是物理知识的迁移，也是学科服务于人的发展的一种体现，包含了知识智慧和人生智慧，并不单纯只是一种经验的简单积累。梁学军指出，学以致用并不是指学生将来去测量力的大小，测量电流的大小，而是要用最基本的物理原理、知识解释和理解生活，为自身发展提供一些指导借鉴。

### 3. 逻辑之外有热情和美

梁学军认为，物理与数学一样，也强调逻辑，这就要求学生具有很强的思维能力，两者都强调知识的灵活贯通。而且，物理学与艺术可以说异曲同工。著名物理学家、诺贝尔奖获得者李政道与画家吴冠中、黄胄等著名画家有不解之缘，他认为科学与艺术是一枚硬币的两面，是不可分割的。物理学家钱学森在学术上的许多灵感来自于他夫人蒋英的钢琴艺术，他曾经写过一本书《科学的艺术与艺术的科学》。在梁学军看来，物理之中存在着各种形式的美，有色彩美、简洁美、人物美、精神美和思想美。

教师教育学生，情是基础，但是，光热爱教学、对学生有感情还不够。特级教师马芯兰曾说过，"如果你是教小学的老师，你应该至少熟悉一年级至五年级整个小学数学知识，它的基本概念是什么，比如说和的概念，几分之一的概念，而且你要熟悉它在整个数学知识体系中的位置以及它与其他知识的关联，包括习题你都应该整个儿做一遍，你就知道知识点、知识重点难点在哪里"。梳理系统的知识体系需要老师的热情和激情，当然也需要老师的耐心、认真和坚持。教师把相关知识体系弄通，通了之后再传授给学生的时候，教师自己也就有了一些比较深刻的理解，不然的话，教师讲课就只能讲某一个单一的知识点，而不是一个活的、相互贯通的知识体系。

### 4. 物理教学重在思想方法

中学物理教材是为了达到一定的教学目的，根据学生的已有基础、认知水平和思维能力，从有利于今后学生发展的观点出发，对有关的物理学的内容进行从简单到复杂、从条件到结果、从现象到本质的组织和编写而成的，它需要通过教师的"教"和学生的"学"这一教学活动才能转化为学生的知识和能力。在这一转化过程中，物理教学不仅仅是一个传授物理知识的简单过程，而更应该是一个传递物理方法、贯穿物理思想方法的过程。作为一名教师，不管他是否意识到，在教学过程中，知识的发生过程就是物理思想方法的运用过程和学生对物理思想的领会过程。同时教师也在用自己的世界观以及思考物理问题的方法等潜移默化地影响和培育学生。而学生在学习物理知识的过程中同时也在通过自己的努力，领会并掌握物理思想方法，提高自己的求知能力、实践能力和创造能力，从而发展和完善自己的物理素质。在梁学军看来，"时代赋予了中学物理教学新的内涵，教师不能仅仅局限于知识教学与技能的培养，更重要的是在物理知识教学的过程中贯穿物理思想方法，用物理思想方法统率物理教学，从而提高物理科学素质。这样局限于书本的物理教学才能上升为大物理教学，即以物理学科为主要内容的、以提高学生科学素质为目的的物理教育"。

物理知识的建立，离不开物理思想方法的规范使用；物理思想方法的形成又以一定的物理知识为基础。在中学物理教学中加强物理思想方法的教育，使学生在学习物理知识的同时掌握物理思想方法，是"活教育"的一个重要方面。学生在认知过程和解决问题的过程中离不开物理思想方法的指导。物理思想方法在学生的学习过程中起着举足轻重的作用。巴甫洛夫曾说过："有了良好的思想方法，即使是没有多大才干的人也能做出许多成就。如果思想方法不好，即使有天才的人也将一事无成。"① 英国著名物理学家玻恩在 1954 年接受诺贝尔奖时说："我荣获 1954 年的诺贝尔奖，与其说是我发表的工作里包括了一个自然现象的发现，倒不如说是那里包括了一个关于自然现象的新思想方法基础的发现。"爱因斯坦也说过："像我这样类型的人，一生中主要的东西，正是在于他想的是什么和他是怎样想的，而不是在于他做的和经受的是什么。"所以，要培养能够适应新世纪科技革命需要和善于应对国际竞争的新型人才，就必须在学生的认知过程中加强思想方法教育。通过物理思想方法教育，可以显著提高学生的物理科学素质，从而促进学生自主、持续地发展。

"活教育"不仅仅可以指导对物理知识的教学，更是可以深入和拓展到对物理思想方法层面予以指导，即进行物理思想方法的教育。同样，物理学思想方法又需要以物理知识为基础，因为前者是以后者为载体的。物理思想方法是中学物理教学的主体内容，它和物理知识处于同等重要的地位。

学生在学校所能学到的知识总是有限的，而科学技术的迅速发展，要求社会成员具有较强的独立获取新知识、掌握新技术、解决新问题的创新能力。正如赞科夫曾经指出的，无论学校的教学大纲编得多么完善，学生毕业后必然会遇到他们不熟悉的科学上的新发现和新技术。那时候，他们将不得不独立、迅速地弄懂这些东西并掌握它。要迅速地弄懂这些新知识、新发现，掌握这些新技术，如果没有一套行之有效的思想方法是很难达到的。当学生走上工作岗位以后，即使忘记了具体的物理概念和规律，但物理思想方法却仍然能指导他们作为社会的人，形成善于分析问题、归纳总结、分类评价、综合比较、概括判断等工作方法，自觉运用内化了的物理思想方法思考问题、解决问题的能力，并具备实事求是、严谨科学的意识。所以，学校教给学生发现问题、分析问题和解决问题的思想方法，是学校教育给予学生最具生命力的教育成果，也是学生离开学校后学习和工作的最有力的工具。

---

① 巴甫洛夫．巴甫洛夫全集：第 5 卷 ［M］．赵璧如，吴生林，译．北京：人民卫生出版社，1959：17.

梁学军认为："在教学中要有意识地以物理思想方法为线索组织物理教材、组织物理教学过程。对一些重点物理知识，可以模拟物理学家的研究过程，切实运用必要的物理思想方法，让学生在物理思想方法的导引下主动地去获取知识。这样的教学，更符合学生的认识规律，能使学生对物理知识的获得过程有切身的体验，从而对物理知识本身有深刻的理解，同时又受到物理思想方法的训练和培育。这就使学生不仅掌握了物理知识，还明白了这一知识是用了哪些物理思想方法来获得的，即能在物理思想方法层面上理解和体验物理学习过程。这样，学生经过学习逐步地掌握了物理思想方法，进而形成自己的科学的物理学习方法，就会有效地提高学习效率。当学生掌握了物理思想方法，取得了独立获取知识的本领时，就得到了开启物理知识宝库的'金钥匙'。"

梁学军认为物理学思想和方法存在内部关联。物理思想就是物理理论建立过程的基本思路、基本思想的体系。根据爱因斯坦的观点，物理思想就是物理学发展过程中的基本观念体系。基本观念包括概念和假设两部分，概念是建立理论体系的基本元素。概念之间相互产生关联才形成基本假设，最终形成了基本定律，在概念、假设建立过程中形成对物理世界的图景的基本描述，期间经过修正形成物理学的思想体系。例如，在牛顿力学体系建立过程中，首先建立了力、质量、加速度、动量、向心力等八个基本量，在此基础上建立起了力学体系。这一部分内容直接反映在牛顿1687年出版的《自然哲学的数学原理》一书中。物理方法就是实现物理思想过程中的一些程式和办法，物理方法是物理思想的具体表现，研究物理方法有很多途径。例如，可以从不同的角度对其划分。从物理学科的特点区分，物理方法就包括观察法、分析法、比较法、综合法、归纳法、演绎法、抽象法、概括法、科学假设、模拟研究，类比法、哲学方法等，解决个别类型问题的方法则包括等效法、隔离法、守恒法、叠加法、假设法等。

教师需要处理好思想与方法的关联，以及不同知识体系之间的关联。初中与高中存在知识之间的关联，又各自有着不同层次的知识体系。例如，高中力学里面有动量的观点、能量的观点、运动和力的观点，在遇到问题时教师需要判断用哪种观点去解释，这是一个带有方向性和策略性的问题。上述三种观点分属三种不同的解释体系，各自有各自的基本概念和立足点。梁学军说："学生解题的时候需要选择用哪个理论来解释题目涉及的问题，能量观点看头看尾，重状态；运动和力的观点侧重过程。复杂的过程研究起来不好解决，必须用能量观点去解释。动量守恒、机械能守恒，到底用哪一个？学生如果在大的方面分不清的话，就不知道从哪儿下手，没有一个战略的高度去做题是不行的，必须站在一定高度上去思考问题。"

有动量为什么要用能量？有能量没动量行不行？有动量没能量行不行？教师自身如果不明白为什么要建立能量的概念，根本解释不清楚、理解不了这些问题，教学时也不可能讲清楚。梁学军指出："能量方式很简洁，但是动量可以解决一些能量解决不了的问题，教师需要理解不同概念之间的关系、区别，教师必须用战略性的眼光去看这些知识。再者，教师需要深层次地思考这些问题，发现这些概念的思维方式是什么样的？如果自己是提出那个概念的物理学家会怎么想？为什么建立这个概念？不建立行不行？比如说，用原来的能量概念就不能解释动量。碰撞的时候，能量不守恒，动量却守恒。一颗子弹被射进木块，不管是否穿透，最后木块运动了，子弹也运动了，这里机械能不守恒，动量却守恒。每种理论都有自己的适用范围，在这一范围内使用这种方式就好用，使用那种方式就不好用，各有各的优势。每种知识的存在都有它的理由，它有自身独特的优势，才能被接受和使用。西方存在主义主张存在的就是合理的，每个人存在有他的理由，有一定的合理性，存在的知识同样具有其合理性。"

5. 题海无边，方法是岸：物理题中的大学问

教师在教育教学过程中需要培养学生从战略的高度去看待所学的学科。这并不是说学生不需要做习题，学生做习题就像做事，一件事想明白、做好了，对做其他事会有借鉴作用。无论做习题还是"做事"，都需要从细处着手，关注前提，梁学军鼓励学生改物理习题，比如缩小题目的大前提、小前提，把前提给改了，然后再看结果会出现

什么变化，并分析为什么出现这种变化。

做题不能被动应付，梁学军说："学生每天都在做题，但常常为题目所困、所牵绊。其实，学生要主动地从题目里跳出来，驾驭题目，让题目服务于自己的学习活动。题海无边，方法是岸，不能让习题牵制着学生。教师在指导学生做题时，要注意培养学生的主动性，鼓励他们多思考，找方法，勤总结。"

一位学生向梁学军请教一道有关杠杆的题目，梁学军回忆说："这道题目是说，一端挂着一个铜块，另一端挂一个铁块，平衡了，然后再放到水里面，问哪边儿往下沉。"根据题目的类型和性质，梁学军启发学生："改变一下题目，把铜块、铁块挂在两端，浸没到水里平衡，拿出来是否还平衡？还有，两个体积相等的铜块和铁块挂上去平衡了，再浸没水里后是否平衡？前一次是质量相等，这一次是体积相等，它们平衡吗？"

梁学军说："这属于分层归类的问题，第一层是从空间上区分，先外后里，第二层是质量的区分，第三层是体积的区分。还可以把杠杆变成两个滑轮，这样就可以进行更多的扩展，可以进行更多的迁移。教师教学中触类旁通，举一反三，这样题就活了，可以解决许多相关问题，使知识融会贯通。题目里面本质性的内容是：平不平衡看乘积，即力和力臂的乘积。哪边乘积大，哪边就往下沉，不管是先浸没还是后浸没，最终是看乘积，核心的内容是看乘积，尽管形式不同，里外的问题，质量、体积的问题，都属于物理量的问题。杠杆、滑轮不同类型、不同形式，归根结底都要看乘积的问题，这样思考题目，相关的知识就相互融通了。"让学生变换前提，实际上是让学生理解并运用题目背后的关键知识、核心的原理以及它们之间的关系，促使学生理解和掌握体积、质量、浮力等重要概念，以及它们之间到底存在着怎样的逻辑关系。没必要要求老师出很多的习题，只要指导学生学会给自己出题，把一些典型习题的变量改变一下，就可以锻炼学生的能力。

梁学军讲授开关问题："一条电路里面，如果只有一个开关，这条电路会有几种电路形式？断开是一种形式，闭合是一种形式；两个开关呢？分别断开或闭合，组合起来就是 4 种。三个开关呢？就是 AAA、

AAB、ABA、ABB 等八种排列组合……"教师可以把闭合的各种形式画出来，这样既能培养学生严谨的态度，又能使内容全部涉及而不至于遗漏，既可以在物理中学习排列组合方面的知识，又可以从一个小题目培养大能力。

在梁学军看来，学会对习题归类也是一种重要的能力。物理习题在其编排过程中是有规律可循的。"题目为叶，知识为根，物理教学中通常要多题一解找规律，一题多解找方法。多题一解的本质就是规律相同，一个题目有多种解法时，学生也需要寻找不同方法之间有什么联系，多法要能归一。从规律去着手，题目做完了以后，要思考题目的本质是什么，不同题目之间的区别在哪儿。这样便能建立很好的归类意识与能力。习题的种类繁多，实际上就是源自课程标准中所要求的知识点，创新的题目实际上很多是类型和条件的变通。归类本质看知识，创新本质是变通。"

梁学军进一步指出："习题是为巩固知识、灵活运用知识而设立的，通过习题训练的深刻性可以加深知识网络的体系。每种体系都有合理而有效的分析方法，方法是理解体系的关键，教师如果糊里糊涂、不知道方法与体系之间的关系，不理解一些基本原理、规律，将很难让学生深刻地理解知识、灵活地运用知识。教师应该帮助学生织成一张网，明确网的每个结点上都是哪些公式，不同公式之间是什么关系。"梁学军教学过程中经常带着学生考虑这些方法层面的问题，并让学生自己去联系和总结，采用列表归纳或树形归纳，归纳出核心的概念规律。梁学军认为，在初三、高三复习时，教师更需要帮助学生把知识结构进行分类，做成一些图表或树形图。

### 6. 物理之外有知识

每门学科教学都不能过于狭隘，物理教师要有广博的人文知识，要储备学科发展变化的相关历史知识。教师在教授特定学科时，要超越特定学科的局限。比如，教师从事物理学科教学，需要在数学、化学、历史、人文等方面有一定基础，而且要了解这门学科在历史中的发展与变化，并将这些与物理学科教学融会贯通。早期的学科是融合在一起的，科学家往往一身多职。现在的学科教学只讲单一学科，其实很难说明白，这就需要教师是"通才"。

当然，梁学军也承认，本学科的知识也非常重要，需要有整体的把握，如果缺乏必要的整体背景知识，教师对本学科就会认识不透，教师在教学上遇到相关问题时就讲不透，显得机械生硬，学生也就不容易明白。梁学军指出："很多大科学家对所研究的学科都有整体把握，他们给公众做科普报告能够深入浅出，举的例子也特别生活化，不管多艰深的内容，到他们那里都能做到通俗易懂、俗中见雅。如果教师讲某一部分内容时，只是把公式写在黑板上，学生会说我知道这个公式，这个公式就在书本某某页，他们当然不满意，他们想获得更多的知识。"

教师讲授要做到像科学家那样深入浅出，除了需要广泛的知识积累，也需要丰富的生活经验。梁学军说："像动态平衡等概念即使到了大学也特别难理解和表述。但有的人就能够深入浅出，有一位科学家用一个故事比喻动态平衡，特别形象，他说，'有一条黑狗和一条白狗，它们两个身上的跳蚤互相跳动，最终每条狗身上的跳蚤数量没有发生改变，你说平衡不平衡？平衡。动没动？动了。这就叫动态平衡'。学生听了之后，马上就明白了。教师需要把生活中的经验迁移到学科之中，用生活来解读学科。教师在教学过程中用生活去讲物理是非常关键的，生活是学生非常熟悉的、最常见的。用最常见的、最熟悉的内容去讲解物理知识，这是讲课的基本方法，哪一门学科都是如此。"

## 三、有弹性的学生观

教师对学生的认识往往受传统的人性观影响。关于人天生是善的还是恶的，一直以来就存在不同说法，有不少争议，作为教育工作者，我们至少不应该认为学生是恶的、不可教育的，否则，教育也就失去了价值。

尽管学生彼此存在诸多类似的地方，但每个学生都有自己的、不同于其他人的独特个性、成长经验。日常教学中我们对学生的看法有两种偏差，一种是将学生均质化，抹杀学生之间存在的差异，教学不关注学生差异，更谈不上因材施教；另一种则是夸大学生之间的差异，将不同类型的学生"标签化"，潜意识里区分为好学生、不爱学习的学生和坏学生等。科学的学生观要求教育工作者真诚地尊重和理解学生，耐心地倾听学生的心声。倾听学生，不只是一种姿态，更是一种需要付出努力、时间和精力的教学"真功夫"，在教育过程中，如果师生对话变成一种训导，一种单向的灌输，学生会产生自然的抵触情绪，以致对话无法进行，话也就进入不了学生"心里"，更不能转化为学生自觉的意识，有意义的改变也会因对话的中断而不能发生。

## 1. 是自主还是任性？

有人说现在的学生比以前的学生更难管理，因为现在的学生很多是独生子女，相对而言自主意识更强，或者说更"任性"一些，这里的"任性"是从普通教师的感觉说的，实际上许多家长也有同感。现代教育理念更强调教师与学生的沟通交流而不是单向的、自上而下的管理。为此，梁学军在不断反思外部管理和学生自主之间的关系。

自主是什么？在梁学军看来，"自主就是有主见，自己把握自己，自己掌握方向，自己支配自己。任性是由着他的性子，想干什么就干什么，高兴干什么就干什么，做事不关注后果。此类行为往往没有一个明确的目的，行动不是通过思考、计划然后实施的，而是顽皮冲动的成分多一些。学生的任性有家庭教育的原因，现在的许多学生在家里就被溺爱娇惯，放任自流。同时，学校应试化的教育教学本身缺乏吸引力，这也不能不说是一个重要原因。现在各个学校，对升学率要求特别高，为了提高升学率，每位教师都希望学生考出好成绩，而学生往往对读书会有多大用没有什么意识，学习没有紧迫感，缺乏学习的责任感和自主意识，学生非常厌倦成天强调成绩，想充分张扬自己的个性，想干什么就干什么，从而导致学生与老师之间的激烈冲突。面对任性，教师需要接受现实，同时要善于引导，化解由此产生的矛盾，以一种辩证的观点、发展的心态来处理这些问题。"

## 2. 不能以一把尺子衡量所有学生

教师用学习成绩的好坏这把尺子衡量学生，这固然可以，但是它不应该是唯一的评判标准。实际上，成绩好的学生在进入社会后并不一定对社会的贡献就大。甚至，正如联合国教科文组织的《学会生存——教育世界的今天和明天》中所指出的，现代社会越来越倾向于拒绝制度化中学习成绩优秀的人，因为他们适应社会变革的能力相对更低下。教师简单地用学习衡量学生并不公平，将来进入社会还会有很多变化。梁学军认为："学习有先前基础问题也有智力和习惯问题，一个人智力基础好，学习习惯也好，就有可能取得好成绩；而如果智力一般，学习习惯也不太好，就可能学不好。有时候，有的学生习惯好，但是智力不行，也比较难取得好成绩。教师不能因为学生学习不好，就看不起这些学生，不关心爱护这些学生。这样的学生到学校以后无依无助，别的同学欺负他，因为教师有偏见不愿意管。学生差不多同龄，有的时候被别的同学欺负了，心里非常期望教师能够秉公执法，希望得到援助。教师应该善待每一位学生特别是处于弱势的学生，这些学生更困难，如果教师只拿学习成绩去衡量他，从一年级开始就把他归为差生行列，学生肯定在心里记恨教师，做教师有些事情必须敏感而谨慎。最主要的就是不要把学生定性为坏孩子。教师说话口无遮拦，想说什么就说什么，容易造成学生的心理负担，教师说话要有分寸。"

有些教师习惯于用分数来威胁学生，强迫学生去做那些他们不愿意做的事情，这还是以单一的分数标尺来衡量学生。老子曾经说过："民不畏死，奈何以死惧之？"对教师来说，教师需要反省自身对学生的态度："生不忧分，奈何以分惧之？"

## 四、活的学习观

学习的工具化倾向背离了学生的天性。当学习背离了学生的天性，学习与生活被人为地扭曲甚至对立，学生不愿意学习也就成为必然的结果。学生不应该成为教师、学校、教育行政系统和家长谋取自身利益的工具。需要换一个视角，从学生角度分析学生为什么不爱学习。学生不爱学习，既有他们自身的原因，也有应试教育的作用。他们不爱学习或许是出于对应试教育曾给自己造成的伤痛的自然排斥，在应试教育日渐加剧的情况下，这种排斥甚至已经转化为学生的条件反射行为。

现在一些地区的学校教育完全以分数为中心，一切围绕分数转，尽管许多教师觉得难以理解、特别压抑，但是似乎又都没有办法。为什么学生会不遵守学校纪律，甚至与教师发生尖锐的冲突、反抗呢？学生的主体地位得不到足够的重视，甚至学生被当成寻求政绩的工具、谋取利益的工具，学生的反抗也就成为必然。

### 1. 学习需要能量守恒

梁学军是 2006 级学生的年级主任，他从初一年级开始就鼓励他们唱歌、打篮球，每学期还组织比赛。他认为初中学生精力旺盛，尤其是十五六岁的时候，这种青春期的能量一定得释放出去，否则学生就会借助不正常的渠道产生破坏性行为。在梁学军看来，打篮球等文体活动能够让学生们的能量得到合理的释放。物理注重能量守恒，能量过剩需要有一个出口，或是转化，或是转移。如果能转化成另外一种能量，或转移到其他有意义的事上，就能得到合理的释放。因此，学校一定要给学生一个合理的释放能量的出口，教师也需要思考向哪个方向引导学生，通过打球等正规渠道做一些正确引导，有助于促进学生身心健康发展。

在梁学军看来，"不同的学生需求并不相同，不同阶段的学生需求也不同。学生之所以不遵守纪律，这是因为很多学生精力太旺盛了，找不到一个出口释放，才无故捣乱。有些学生喜欢玩就应该让他们玩一会儿，他们的能量消耗了、分散了，就不会在班级或者学校捣乱了"。初一升初二的阶段，学生生理上开始快速发育，一些男生为了显示自己的身高，经常在教学楼道里比赛看谁能跳得更高，能摸到挂在教室门口上方的班级名称牌。梁学军把这些学生找来，告诉他们比赛摸高是好的，但是比的内容和地点需要重新选择，如果想锻炼就到操场去，并亲自给学生组织篮球比赛。学生打球之后，在楼道内蹦高摸牌子的就大大减少了，下课都往操场跑。青春期出现一些"捣乱"现象是很正常的，教师需要正确的引导，合理的疏通才能化解问题。有的班主任担心打球会影响学习，梁学军就耐心地和班主任解释，告诉他们说打球能够锻炼学生身体，释放过剩能量。"假如教师硬拦着学生不让学生锻炼，往往会出事，学生正好处于能量过剩的时候，学生能量没地方释放，气没地方撒，就会在班级或者学校里捣乱，教师需要创造条件让学生把能量释放出去。"

学生从打球中体会到乐趣，也会对学校有认同感，教育不能让学生惧怕，而应该让学生每天来到学校都有所期待、有所敬畏。去过加拿大学习、与梁学军相识的北京教育科学研究院秦晓文老师在和梁学军交流时曾介绍："在加拿大，有些学校的教室会摆设一屋子东西，里面有玩的东西，有书，有琴，还有计算机等，学生学习很放松，没事的时候可以自己去玩这些东西，有人专门照看并指导学生玩。"在梁学军看来，如果学生不愿意学习但却在教室捣乱，而教师又不能把他们赶出教室，这样只会更影响教学，倒不如让这样的学生玩一会儿电脑或游戏，当然这需要老师做一些相应的限制和引导。目前，多数学校还做不到，但应该努力创造条件，否则学校的教育管理会越来越被动。

## 2. 教师跟着学生走

学生的学习需要基于他们自身经验和知识基础，老师必须跟着学生走，学会换位思考。梁学军建议："教师应该设想，如果自己是学生自己应该怎么理解。成人有基础，在教学中却总是有意无意地忽视学生存在相应的基础薄弱或者没有基础的问题。在教学中，教师如果忽视成人与中学生在知识经验上的差异，在教授新知识的时候，没有补充必要的知识和经验，学生往往就会理解不了新知识。教师在教学过程中必须设身处地按照学生的背景、学生的环境和学生的自身条件去理解知识和教学。"

### 3. 方法渗透在过程中

梁学军注重方法的训练，在同事看来，梁老师习惯把一些做法告诉学生，怎样去做？或者怎样去做更好？在做的过程让其他老师和学生自己慢慢悟出来，这样的过程更自然，并不是生搬硬套，而是身体力行地展示给学生一个理念或想法。他还有意识地用各种方式或者说各种策略去调查、反思教学效果，而且很自然地将其渗透在教学和与学生的交往过程中。

从教学理念来看，很多物理教师只是单纯地在教物理，他们把物理知识摆在第一位；梁学军是把让学生获得能力、获得方法放在第一位。很多物理教师在教学时总囿于知识层面，重能力也主要是围绕着应试能力，而对学生的可持续发展能力关注不够；梁学军则是在素质层面关注学生。他的站位相对较高，总是能够结合自己的想法解释身边的事物，一般不会照搬书本的内容，在讲解时也总是能很好地结合自己的一些想法与理解，以及自己在实践中得到的经验。

他对学生的关注点与一般老师不同，更注重方法，并且更擅长借助过程中的一些具体的、操作性的细节来渗透方法，这样做往往效果很好。

### 4. 重建物理教学与生活的联系

在新课程改革实施之前，梁学军已经在尝试建立物理教学和生活实际的联系，特别注重从生活走向物理，从物理走向生活。梁学军把这一理念付诸实际行动，将其渗透到教育教学的某些具体环节上。比如，他喜欢在课前请学生结合一些生活实际做调查，这样做有利于提高学生各方面的素养。上课的时候，他会提倡开发利用生活中的一些废弃物作为实验材料和工具。他经常鼓励周围教师开发、制造一些教具来提高教学活力，增进教学效果。梁学军在日常教育教学中还把注重探究和实验的理念渗透给学生，让学生去研究课题，研究生活中、学习中遇到的各种问题，让他们自己动手做学具，在探究和实验中养成基本的科学素养。

（1）关注身边的物理

梁学军关注身边的物理，做起事来总是习惯于将其与物理教学联系起来。2007 年，梁学军在去美国的途中，拍了不少飞机仪表上的数据，高度多少、速度多少，他觉得这些图片将来上物理课给学生用得上，可以做教学补充材料。学校组织教师去奥运场馆观看奥运会水上项目比赛，梁学军一进去就关注和物理相关的内容，心里琢磨，说不定哪个地方会触发对教育教学的思考。"我就观察摄像车是怎么摇的，上边几个镜头，镜头怎么切换，特别受启发，这里面和物理相关的知识真多！"

（2）教学围绕兴趣展开——来自美国的启发

**梁学军在美国交流学习**

梁学军在美国考察学习时，印象最深的是美国的物理教学很自由。美国物理教学非常灵活，老师讲自己的东西，讲一些自己想讲的内容，学生也可以学自己感兴趣的内容。尽管这些认识只是短时间考察后得到的初步印象，不一定准确，但是美国的教师和学生不会一切围绕考试转。在国内，学生每天大部分时间是学习一些人为制造的知识，表面看起来十分严谨，实际上最终没有多少收获。对此，梁学军常暗自问自己，我们教的内容学生感兴趣吗？学生学的知识究竟有多大作用？

（3）生活中的效率问题

学生学物理对学生生活有什么好处？果冬梅老师 2009 年上半年刚录制完一节机械效率的课，曾跟梁学军探讨过这个问题。梁学军启发她说："在备课前，教师需要弄清楚学生为什么要学机械效率？实际上，人做任何事情都需要一种效率意识，不光在学习上要有效率意识，做什么不要求有效率？孵小鸡还讲究出壳率呢！做题的时候还讲究正确率呢！你所带的班教得好不好，及格率是一个重要指标。"

（4）关注物理的多重价值

物理应该对学生理解生活有一定帮助，应该给其一种真实、有用的知识。物理教学需要教给学生一些基本的物理思维能力，像逻辑推理、假设思维等，这些对于学生未来工作和学习非常重要，是衡量一个人工作能力的重要标志。梁学军的笔记本上有这样一段话："给学生知识，使学生得以生存，使学生能够生活；给学生一个方向，使学生能够创造价值。物理是一门学科，学科的魅力在于神秘；物理是一种生活，生活的乐趣在于未知产生未知；物理是一种境界，境界的崇高在于推动事业的发展。"

（5）"穿靴戴帽"：物理的生活化比喻

梁学军的讲课特别"随意"，不是特别正式，很生活化，他会把物理很多概念、知识跟生活现象组合在一起讲解。他还把物理课中的一些规律和概念全都总结成顺口溜，这并不容易，如果不是对物理知识理解特别深，很难总结得恰到好处。比如固体压强的题目，梁学军将它总结为穿靴类、戴帽类、穿靴戴帽类。这种类型的题目计算起来比较麻烦，学生算来算去、比来比去也不感兴趣。经过形象化比喻之后，事情变得很简洁，学生就很容易记住，也更感兴趣。再比如漂浮问题，学生经常想不到用二力平衡的知识去处理，于是梁学军编了一个顺口溜，使这个问题得到了很好的解决。"遇到漂浮想平衡，想完平衡列方程，列完方程再展开，结果一定会出来。"

（6）给学生有用的知识

梁学军指出："教师需要思考，课本上的内容为什么给学生讲授，书本上的内容有什么用？"什么是有用？比如说"功率"，为什么要介绍"功率"？在梁学军看来，"功率"这个物理量和其他的物理量不一样，要描述做功快慢用"功"不行，用时间也不行，需要用一个新的物理量——功率。然后，教师还需要对概念进行拓展，在生活当中，"功率"是描述一种数量关系，它与"车流量"、"水流量"存在相似之处，教师备课的时候要考虑如何让学生开阔视野，这样，学生就不会仅局限于所讲的内容。当把功率和生活当中常识性的一些知识联系在一起时，学生对这个概念的认识就会更丰满一些。

物理教学的重点就是介绍生活中最有用的知识，梁学军对于有用的知识的理解是："一是它在生活、生产中有价值；二是它是其他知识的基础。学生学习的内容应该对学生有用，没用的不需要学习。学生天天早晨六点多来，到晚上六七点回家，想学什么知识？学有用的知识。至于所学的知识为什么有用，教师应该让学生自己去探究，这样才有效率。"

教有用的知识就是要培养学生的能力。梁学军将学生组织起来成立了一些兴趣小组，让学生去做学具，做教具。如发动学生用易拉罐做风车，用可乐瓶做浮沉子，用缝衣针做指南针、做杠杆等，学生们的兴趣特别浓厚。经过动手锻炼，学生学习新知识就有了经验支持，有了心得体会，学生学的内容就不是死的，这也是现在新课改所提倡的探究。许多学校一直到初三都没有开展类似活动，梁学军则坚持在初二的时候就开始培养学生的动手能力。

（7）考试不应扭曲教学生活

考试只是师生教学生活的一部分而不应该是全部。梁学军对应试教育的看法是："极端化的应试是在摧毁教育，摧残学生和教师，教师需要跳出应试怪圈！当前的应试教育偏离了教育的本质。教师做的很多事情都是不情愿的，如果让教师天天做一件件不情愿的事情，十分没意义的事情，即使给教师增加再多的工资也不能减轻教师的职业倦怠。"2008年10月28日《中国教育报》报道了上海教育科学研究院对1304名中小学教师的调查，近八成教师感觉压力大，很多教师对教育工作有厌倦情绪，说明目前的教育已超出知识传授的范畴，已危及教师的健康，急需引起社会关注，这已经不是素质教育和应试教育争论、打几场口水仗的问题，而是切实关系到学生的健康、教师的健康，甚至关系到我们民族的未来发展的大问题。钱学森对培养不出大师的焦虑，有识之士对社会公德水平下降的担忧与不满，从不同角度印证了当前教育存在的一些不足。

梁学军认为："学校教育不能没有考评，但不能只有应试，如果一切为了应试，老师很容易枯竭。农民天天在地里翻土，却长不出像样的禾苗，是因为没有遵从规律、科学种植，我们老师教育学生也是这样。现在许多教师没有办法，受着许多束缚。拿物理教学来说，物理是一个好东西，但是被考试的指挥棒一指挥，有些曲子就唱歪了。那些成堆的复习参考资料，教师自己看到都觉得心烦，更何况学生？"

任何事物需要有个度，教育需要考试测评检查学生学习效果，这当然没有问题，应试也存在一定的合理性，应试能力在竞争日益激烈的现代社会也能不同程度地体现人的素质。但是学校为了应试，天天补课，让老师得不到充分休息，学生得不到自由发展，危害学生和教师身心健康就有问题了。梁学军指出："片面应试往往只强调某一方面，而把其他方面都给破坏了。就像画画，如果为了强调人的胳膊，把它无限放大，把整个结构破坏掉，为了胳膊把生命都给毁灭了，当然得不偿失。再如现在有些人热衷于减肥，天天饿自己，结果生理失调、生病，严重的更是危及生命。追求美没有问题，但是不能太极端，它会导致恶果。"现在一些学校明目张胆地补课，有的学校上课和自习时间长达十几个小时，假期形同虚设，更有甚者把这种摧残美化为追寻古人刻苦读书的精神，这无疑是在扭曲教育的本质，扭曲原本生动、活泼的教学生活。

## 五、教学与研究：隔离抑或融合？

现在的教学研究，研究与教学各行其是，很多时候相互处于隔离状态。一些教育专家只是做书本研究，并不到基层学校做实地调研，最后出的科研成果往往缺乏针对性，对教学实践几乎没什么影响。事实上，不只是教育，其他领域的研究也存在与实践相脱离的问题，很少有人能将二者很好地融合在一起。

其他学校的不少老师认为，八中的老师们在梁学军带领下，做物理研究卓有成效。不过同校的果冬梅老师指出："梁老师做的一些东西并不是谁都有能力做的，别的老师做研究可能不会与教学融合得那么好，有的还会对学生成绩起负面作用，与应试冲突，但梁老师却总能把研究融入日常物理教学中，增进教学效果。他做实验性探究是一门艺术，一般人很难轻易就能学会。许多教师研究是研究、教学是教学，彼此两张皮。梁老师谈教学理念和教学方法则会融合他的科研理念，用科研理念去引领教学，把两者融合在一起。"作为一线教师，梁学军不愿意做与教学相脱离的研究，他习惯于将科研与日常教育教学结合在一起，善于根据教学中遇到的真实问题展开研究，用科研去改进教学。

### 1. 课题是做出来的，课题不应成为教师的负担

物理学科的课题要求做的内容比较多，但现在有些教师做课题，写的内容比较多，做得少。梁学军坚持认为："教师的物理课题研究应该是比较实在的、做出来的课题，不能仅仅是用文字堆砌出来的、比较空泛的课题。"

梁学军做课题研究通常是基于自身的教育教学实践，用梁学军自己的话来说，"我做课题研究参考的内容特别少，自己做的、思考的内容多一些，不是说我不需要吸取人家的经验成果，不谦虚。做实践性课题教师必须得有自己的思考，自己认为应该做的事情都要设计好方案，然后按部就班地实施。课题不应该成为教师的负担。教师如果承担了很多课题，其中一些课题也获奖了，但实际上这些课题对他的教育教学并没有多少帮助，课题结题后就放在一边了，课题会成为教师的额外负担。一线教师从事课题研究应该立足于教育教学中的真实问题，并尝试通过课题研究改进教育教学"。

### 2. 做有用的课题

梁学军格外看重教师的案例课题，他认为，"现在的很多科研都浮在表面上，自己要做就做实用的课题。从上级机构来的一些课题很多实际上对一线老师并没有多少帮助，反而是一种冲击、一种负担。课题远离教育实际，教师缺乏必要的基础，甚至不知道如何开题。老师只能按照别人的要求写，写完以后往上交，很是被动。教学类课题需要转换视角，自下往上做，案例教学课题比较适合教师做，它从下开始，关注教学实践"。

梁学军他们在做案例研究课题的时候，刚开始部分课题组老师觉得做案例课题没有用，有几位老师对一边上课一边还需要出去听课心生抱怨，有反感情绪。听了20节课之后，他们眼界开阔了，一有听课机会就抢着要参加。教师对课题的接受有一个过程，教育教学研究人员需要逐步同化教师，慢慢渗透感染。教师一旦感觉做课题有用，就会投入更多的时间精力参与研究。

### 3. 物理教学科研的时空是开放的，但需要规范和引导

物理教学科研的时空是开放的，在梁学军看来，探究教学是物理教学科研的一种形式，不应只局限于教室。顺义三中的张羽燕老师原来参加过市级的一节评优课，课名叫"温度计"。在设计这节课时，其他一些老师通常习惯于把探究过程局限在教室之内，梁学军建议张老师说："不能这样做，我们应该有创新，把镜头拉到教室外面，延伸到生活中去，带着学生一起调研温度计、温度在生产生活中的运用。"之后，他们开始设计方案，并领着学生赶往北坞的蔬菜大棚去采访和拍摄，片子拍好后回来进行编辑和整理。教师和学生一起做探究性学习，亲自体验和观察温度在生产、生活、工业、农业上的应用，学生和老师的视野都变得开阔了，教师和学生的探究意识和能力都得到了锻炼和提升。

对一线教学有用的课题能激发教师的热情，但是这并不能保证他们研究的规范。激发教师的科研热情与坚持科研规范对于指导一线教

师做科研的专家来说似乎有些两难，很难平衡。教师科研热情高，会积极参加课题研究，但可能做的研究并不规范，如果规范要求多了，教师的热情就会减弱，教师参与其中之后会觉得受到条条框框的约束有些不自在。教师参加正式的课题会被要求按照规范汇报课题情况，刚开始肯定有些不适应，等参加类似的活动多了，教师会意识到一定的规范是不可缺少的。

引导教师在做课题过程中从单纯的热情到既有热情又有规范，需要一定的时间，也需要专家自身调整角色和位置。教育专家需要深入学校，积极主动地与一线教师展开合作。梁学军认为，专家向教师介绍怎么做研究，不应该一开始就强调研究规范、方法等，而应该先倾听教师的心声，看一看教师在思考什么，他们现在的困惑是什么，然后再引导教师就他们感兴趣的问题展开研究。专家需要考虑教师的现实需求，讲一些教师愿意听的，也能够接受的东西。如果教师暂时不能接受，需要给他们一段时间慢慢消化，等教师初步理解并开始尝试做研究后，再进一步地引导、提高。先邀请他们进入，再逐步规范，更容易被教师接受。如果一开始就要求教师做非常规范的研究，会导致教师的抵触。

# 六、活的科研观

专家讲的教育理论如果并没有被教师理解和接受，教师学习完以后只是记住了一些名词，教师自己做研究的时候就只能照搬这些名词。专家学者拥有相对完善的概念支撑体系，而且需要用名词来阐释理论体系，固然还可以理解，因为他们需要借助概念工具来解释一些事物，说明现象背后隐藏的道理，而教师如果不能结合实际，只是挪用一些自己都不大明白的名词，就是在做假学问。如果教师做课题时只知道堆砌一些名词，这不是做研究。梁学军指出："可以说，有学问的人说事，没学问的人说词，事中有理，词中无物，这已是现实教育科研中客观存在的一种现象。教师做研究就是做事，教师做研究需要明确目的、做好设计并按照设计逐步推进。"

### 1. 做研究就是做事，需要具有与自己较真的精神

梁学军坚持认为："做研究就是做事，做事一定要明白自己在做什么。教师教授知识时，自己首先要明白，对教学中不懂的内容需要通过查找资料、咨询专家等方式努力弄明白。教师自己如果都不明白，不可能给学生讲清楚，即使讲也会显得特别生硬。如果明白的话，讲起来就会融会贯通、左右逢源，做研究也是一样。"梁学军自己在做课题的时候，始终坚持结合自己的教学实际做，不浮于表面，专注于研究一些自己不懂的问题。

教师做研究不能浮于表面，如果只是口头上说，"我运用了心理学的理论来支持学生学习"、"我用了教育学的观点组织学生学习"，等等，实际上对具体的措施是什么、应该采取什么方法都缺乏深入的思考，那就是在糊弄课题。教师做研究的需要源于为了解决教育教学中的真实问题，因而首先要有一种实事求是的态度，其次需要根据自身的实际状况进行逐步深化拓展，这样才有利于解决问题，才可能提高自己的研究水平。在梁学军看来，"教师平时工作忙，时间精力有限，加之缺乏研究方面的专门训练，容易糊弄课题，这就需要教师自觉养成一种不断追问自己、挑战自己的意识和能力，需要具有与自己较真的精神"。

### 2. 课题应该关注实际，研究"具体"问题

一线教师应该做什么样的课题？按照梁学军的科研观，教师的课题所要研究的，应该是自己在教育教学中遇到的具体问题，应该是日常教育教学不得不面对的问题。教师做纯理论化的课题、不着边际的课题是在浪费资源！

2009年4月，梁学军去给某中学的老师结题做评委。这是一个关于学习方法的课题，梁学军注意到，结题报告的内容写得比较空泛，只是罗列了一堆方法，没有具体说明如何在教育教学实践中落实。等这位负责结题的老师介绍完课题成果后，梁学军说："我先问你几个问

题，你这个课题要解决什么问题？到底是学法，还是指导，还是学法指导？哪个是你研究的重点？"结题的老师说侧重指导方面，梁学军接着问他："你通过研究想达到的目的是什么呢？是希望学生掌握学法后提高学习兴趣，然后减轻老师负担吗？如果是这样，为什么不和自己的日常教学结合起来呢？教师做研究的目的应该放在自己的教育教学上，做课题首先要问为什么做这个研究、有什么用。而且，研究的目的需要通过具体的方法、措施来落实，并体现在具体的研究成果中。课题研究不是写出来的，而是做出来的。研究课题应该有方法层面的具体实践，报告应该展示有助于减轻学生负担、提高学生学习兴趣与学习效率的具体指导措施。"

现在许多学校都在鼓励教师做课题，但是一些课题往往脱离他们的教育教学实践。许多老师都有这样一种感觉：课题不是做出来的，而是写出来的，而且所写的内容空洞无物，堆砌着各种理论，却缺乏教育教学的真实气息。理论性内容是需要的，但是如果教师都跟着专家做理论研究，就偏离了教师做研究的根本，甚至有害于教师教育教学，因为它会成为教师的负担。由于水平、时间、视野等因素的限制，老师做理论研究根本就做不透，而且脱离了具体的课堂教学实际、所授学科的实际！教师做研究更有意义的是研究自己所教学科遇到了什么问题，怎么解决，采取了何种教学策略，学生的反应是什么，然后再调整，一步步推进。这样的课题才能够帮助教师理解并积极地改变其教育教学，教师科研应该跟学科教学紧密结合在一起的，不能像一些所谓的专家那样为了研究而研究。

对此，梁学军也有同感："教师做的课题里面，名词不需要太多，纯粹的理论不是普通教师应该关心的事情，名词说了很多，同行却并不觉得有道理，是没有意义的事。教师做课题需要先问自己'课题结题了，我有什么收获？'；或者可以找几个学生过来，问问学生是否受益了，是否改进了学生的学习；也可以问参与课题的其他教师，看他们是否有收获，是否帮助他们改进了日常教学。比如，研究物理学法，物理学法包括很多方面，教师需要思考哪些方面？是一般的学法，还是围绕特定知识的学法？教师的课题不能太宽泛，这样容易让课题听起来很吸引人，做起来却无法实施，一般教师需要一些较小的切合实际的题目。特别需要注意的是课题研究不应该遗忘了学生，教师的课题里面需要时刻关注学生，学生之间是有差异的，存在不同类型，初中物理学法指导的研究，是针对成绩好的学生，还是成绩差的学生？又或者是否是针对几个学习有困难学习习惯又不好的学生？教师是怎么帮助这样的学生的？具体是怎么做的？想了哪些招儿，才跟他们一起把物理学好了的？只有这样考虑，教师才能把课题做实，做细。"

教师研究班级教学方面的具体问题，例如如何引导好淘气的学生，如何有效地进行某些知识难点的教学等，更有助于提高教育教学质量。梁学军自己做课题时，对所做的内容想得很细，琢磨得很透，总会有意把研究与学生的知识学习、思想品德教育等具体问题结合起来。梁学军说："我是一名中学物理教师，不是大专院校的教育科研人员，我做课题就要做实一些，针对实际问题选题，要对教学中的实际问题有所帮助。不实际的内容，我宁可不写。"

梁学军所做的课题"初中教师优秀课堂教学案例研究"就是组织课题组教师找教学中有意义的案例，找完以后看，看完以后再琢磨、再研究、再写。用梁学军的话就是："一找、二看、三想、四写、五创。写出来给别人看是放在后面的，最终要培养教师自身进行案例式教学研究的能力。"

### 3. 招数多一些，理论少一些

教师是一线工作者，做课题不需要太强调理论，如果教师天天谈教育理论，既不务实，也会让人感觉有些空洞。教师研究应该以找到实际问题的解决策略为目标，例如怎么把调皮捣蛋的学生拉回来，怎么跟学生建立良好关系等，用梁学军的话说就是招数要多一些，理论可以少一些。

不过，理论可以少一些并不是不要理论，梁学军也非常注重现代教育理念的引领。梁学军在教学中强调知识观、学生观和方法观，也就是说教师怎么来看学生，怎么来看知识，怎么来看物理研究方法，并且提出物理教学研究的两条基本路径：一条是实验探究，一条是逻辑推理。虽然这只是一个大致的分类，有时它们在实践中是交叉在一起使用的，但也能为教师的研究明确一定的思路。

### 4. 教研不是做应景文章

梁学军认为，教师做课题不能出于评职称等狭隘的目的，更不能应付，而是要服务于教育教学。"做课题需要有研究，有设计，有结果。比如一个人卖西瓜，原来卖不出去，经过调查、分析，制订出新的方案，然后进行实验，最后把西瓜卖出去了，把过程、原因和结果等结合起来写出来就是一项课题研究。教师在设计课题研究、从事课题研究的时候，还需要思考课题研究的借鉴价值，从课题研究中找出解决问题的一般性规律，提高课题研究成果的推广价值。如果找不出来，其他教师很难借鉴，却又在报告中说'通过此研究，推动了新课程改革的进程'就完全是没有依据的了。"

梁学军拒绝片面地以考试为中心的教学研究，如果单纯是出于考试的目的，或者处于某些利益的考虑申请课题，梁学军是不会支持的，这偏离了他做人的准则。"教师做事不能违背教育的本真，尽管有人这样做，但是我需要坚持自己的底线！"梁学军从不愿意做应景性的教研，他对教育、对学生、对物理教学研究有着严格的操守。

行政化的教研容易导致教师做应景文章。很多特级教师的发展与行政化的教研工作没有任何关系，也许正因为没有跟区教研室教研发生任何关系，所以这些教师才有了更大的空间可以自由发挥，才自主地成长起来了。在一些专家看来，教师不能跟着行政性的课题跑，跟着它跑，教师可以自由作为的空间就没有了。过去的行政化教研，对教师到底起了什么作用，需要打问号。当然，话又说回来，作为教育行政主管部门，或许也只能这样做，行政系统有自己的考核标准和行为方式，教育行政主管部门有他们的难处和需要解决的问题，对于他们，教师也需要换位思考一下。不过，教研的确需要改革，需要为教师创造更多的自主研究的空间和可能，从而提高研究的实效性，这可能是一个长期的过程。

5. 教研与评优：时装抑或常装

教师需要寻找一个展示自己、让自己发声的平台，比赛与科研不同，它有自己的套路，不过教师可以结合自身实际做某些创新。比赛强调有新意、有创意，有整体设计和严谨的结构安排，教师需要在比赛上选准点。梁学军在指导教师进行物理教学技能大赛的时候，要求"第一，要有自己制作的课件；第二，有学生活动；第三，要有自己录制的视频材料；第四，还得有自己制作的教具"。每次比赛为了让评委教师看到后觉得有新意，梁学军都会为本校的参赛教师做一件新教具，所制作的教具往往是全国唯一的一件。

现在许多地方的教学比赛、评优课成为一种精心策划的"表演"，比赛和评优课成了学生与教师合谋演出的一场"理想的"教学剧目。学习成为一种表演，教师、学生成为剧目的必要部件，学生的真实发展则被遗弃于视野之外。尽管学生也可能获得发展，但是，表演情境下学生的发展是难以保障的。以至于有的老师说："评优课有什么意义？好几个人做，做好几个月，做出这么一节课。"事实上，社会上很

梁学军在评优课中的展示

多人对评优课都有看法，认为它与常态课差别太大，这种差别的确存在。不过事物总是一分为二的，评优课总的说来代表了一种方向，体现出一种引领作用，这其中，教师如何正确地看待评优课，其实更为关键。

评优课不同于常态课，在它的评比标准中包含研究意识、研究能力方面的指标，同时，评优课还强调创新，要求有严格规范的过渡语言等。梁学军认为，评优课相当于时装，它代表了一种时尚，一种潮流的引领，引领未必是现实，但却代表了一种方向，具有前瞻性，包含了将来需要提倡的东西，或者需要我们努力实现的事物。

梁学军认为："教师如果上评优课，教师自身必须有能力，不过，评优课不只是体现教师个人的素质，也体现整个团队的素质，比赛的内容就是把教师所在的组、所在的团队以及教师自身所有的能力都集中展现出来，拿出最高的智慧来与别人比。经过一次评优课的磨炼，参评的教师通常会有质的飞跃，因为在准备和展现的时候，教师需要集中主要精力做这件事，深入地思考课程内容和教学中可能存在的问题，需要反复地研磨，这对于教师来说是一个难得的反思自身教育教学需求的好机会，而思考得深才能站得高。"毕竟，对于一般教师来说，教学比赛或评优课是一个难得的展现自己独特风采的机会，普通教师在日常教育教学中很难有这样的展现机会。

对于评优课与其他类型的课之间的差异，梁学军指出："当然，评优课、常态课是有区别的。但并不能因为常态课就否定评优课，二者不是互相对立的，两种课都需要，它们各自适合不同的场合。评优课相当于时装，常态课相当于便装。一些人拿常态课标准评价评优课，觉得评优课不实用。实际上，评优课设计的过程也是教师理念提升、专业发展的过程。评优课体现素质，体现能力，体现出一种潮流的引领。时装不同于我们平时所穿的衣服，但是它对我们平时穿的衣服也会有影响，对制作服装会有所启发。对待评优课与常态课，教师需要像普通百姓那样，作为普通百姓，该看时装看时装，该穿便装穿便装。"

# 七、活教育中的教师与学生：轮廓性速描

长期以来，物理教学与生活脱离，很多学生觉得学习物理又难又乏味，而且容易遗忘，受应试教育的影响，对学生而言，许多自己辛苦学到的知识，考完试后便毫无用处，学习物理在他们看来，只是升学的一块敲门砖。久而久之，教师抱怨自己教得苦，学生抱怨自己学得苦。对此，梁学军的活教育提供了一个重新塑造物理教学，重构师生关系的机会。

## 1. 站在学生的视角组织教学

物理教学中，有些教师往往习惯于给学生一个现成的套路，学生学习完套路之后便能照猫画虎。结果造成，学生会动手做实验，但是解释不了，因为他们还没有充分理解实验操作背后的原理；会正确解答习题，但却未必理解了习题背后的原理，未必知道公式是怎么来的，因为他们没有在不同知识之间建立起联系，只知道套用公式。梁学军认为："理解问题与解决问题是不同的，许多时候理解了问题但是未必能解决；另一方面，会做也可能不懂。解决问题可能通过模仿就能实现，采取与别人类似的做法，就把问题解决了，但是未必懂，要做到懂，需要熟悉事物的内部联系及其本质，教师组织物理教学需要立足于让学生既会实验操作、解决题目，也懂得其背后的原理。"

教学的一切目的都是为了学生，物理教学要从学生的角度出发，需要考虑学生是什么基础、学生是什么心理、怎样组织知识教学和实验操作学生更容易接受、怎样教学生才能理解等一系列的问题。这些问题是设计教学的基础。教师只有始终心里装着学生才能教好学生，只有不断提高学生，才能使学生变得好教。

## 2. 简洁——生活化的讲课风格

梁学军讲课特别通俗，很生活化。他说："为什么很多学生不爱听

老师讲物理呢？因为教师讲得太抽象了。物理虽然都来源于生活，但是进入课本后都变得抽象起来了。例如力、压强等概念，一般人觉得特别抽象，如果用生活中的现象解释的话就相对简单。"他把物理很多概念、知识与生活现象进行类比，放在一起讲，所以学生很容易听明白，也愿意听。而且他能够随机应变，有时即兴讲课，发挥空间特别大，然后又能够把扩展后的内容与先前讲的内容衔接、整合起来。

梁学军讲课的话语非常精练而准确。有些教师讲解物理知识用一段话讲不清楚，于是就一段话接一段话地说，但是学生仍然可能听不明白。而梁学军总是用最简洁的话把内容讲清楚。通俗，简洁，始于生活、终于理性是他讲课的几个重要特点。

### 3. 从自己的切身体验中理解学生的辛苦

文科没有那么多实验，相对自由。物理系作业非常多，而且难，有时一道题目就需要花一个晚上去思考和推理。梁学军回忆说："我大学时学物理，物理学科在当时的北京师范学院历史最久，学起来也最辛苦。别的专业，晚上可能还有休息时间，物理系学生晚上都没休息时间，要完成大量实验。教学计划内安排的实验有时每周就有三次，每次半天，实验通常几个人一组，有时盯着记录放射性元素的计数器观察数据需要等半天，非常累人。不过尽管辛苦，学到的知识却特别多。"

参加工作以后，梁学军更加理解学习物理的困难。中学学生对很多物理知识内容并不理解，可想而知，学习起来也就更困难了。大学生不求甚解有时是因为没有时间去理解，初中的学生也一样，有时也是没有时间去理解，每门功课都需要他们花时间去学习巩固，会做已经很不容易。教师需要站在学生立场上去考虑问题，理解学生学习的辛苦，教师平时多辛苦一些，学生相对就轻松一些。虽说艰苦锻炼可以磨炼学生意志，但是人生发展的根本目的不是追求艰苦，教学也一样，教师需要多理解自己的学生，帮助学生体验学习的快乐。

4. 无功利地读书学习

小时候读书和长大以后读书不同，小孩子读书多源于兴趣，成人读书多源于功利。尽管功利性读书学习目的明确，但更容易让人产生倦怠。工作与个人的读书学习并不一定冲突，但是现实中又往往难以调和，对于成人而言注重读书的功效，学习效果可能好一些，但是过于功利却又无助于他的未来发展。教师作为成人，既需要功利性地读书，寻找自己需要的知识，也需要无功利地读书，充实自己陶冶自己情操。

在许多人眼中，读书就是为了升职，改变命运，如果不是这个目的，那读书似乎就是没有价值的。梁学军读书则是为了"求自己明白"，读书是为了给他自己充电而不是为了其他目的。教师长时间不学习，知识会陈旧，而一定时间之后的学习不只是有助于教师整理前一阶段的教学工作，也有助于教师自身的发展。

梁学军在首都师范大学读研究生班期间，认真学习了"教育管理学导论"、"基础教育改革研究"、"学校心理健康教育"、"教育心理学"等课程。通过在研究生班的学习，他高效率地了解了学科的前沿知识，避免了自己自学可能走的弯路。教师定期到外面参观，进行无功利的读书学习，与日常熟悉但已经有些倦怠的教育教学保持一定的距离，从而获得一个相对自主的空间，有距离地观察思考自己的先前的教育教学，能够为教师以后改进教育教学以及教师自身的发展奠定知识的、心理的基础。

# 八、典型案例

## 1. 学科交叉：英语时态在物理课题中的用法

每门学科都给人提供某种方法、某种思想，有其自身的学科规律、体系。像外语，它的语法就是其重要组成部分。语言有自己的规则，主、谓、宾都有自己的位置，都有自己的功能，某些词语只能做句子的什么成分也都有严格的规定。梁学军跟英语老师交流，问英语作为一种语言，和汉语相比，有什么优点，英语老师解释说，英语说话相对规范，说话得变时态，汉语中不强烈，英语科学性比较强，汉语则相对随便，没有英语那么规范。物理概念和实验同样要求学习者按照规范来理解和操作，梁学军在课堂上将英语的语法结合物理概念和实验讲给学生听，学生听了非常受启发。

英语的时态语法知识，对于写论文做课题很有启发意义。梁学军用英语语法知识审视课题报告的陈述，指出："就现在的许多课题表述来说，许多课题报告中语气不对，开题报告应该是一般现在时，实施方案应该是将来时，成果报告应该是完成时。论文语气一般应该是一般现在时形态。如果开题时就说，我们做了什么、做了什么，语气显然不对，因为研究还没有正式开始。"他对课题报告的认识实际上是对外语知识的迁移。现在有些课题报告，特别有些一线老师的研究报告的确存在梁学军所指出的这类时态语气问题。梁学军经常跟课题组的老师们说："教师做案例研究，案例结题报告应该是完成时态，主要包括三部分内容，第一个方面是提出问题找焦点，如果觉得某些内容有价值、有意义，是一个焦点问题，就先引出问题来，至于'怎么办'则属于第二个方面，也就是教师思考并解决问题的过程，给出有情有境的故事情节；第三个方面，教师最后还要画龙点睛，展开一定的理论探讨，对这个问题可以这么处理，这一类的问题应该怎么处理，应该注意什么，做出必要的分析和提示。一个完整的案例，第一要点出问题；第二要有解决的过程、办法；第三要点睛，提升。"

## 2. 指导师生在探究和体验中学习物理

梁学军不只是给其他物理教师讲现代物理教学理念，也做一些具体的提示和指导。他经常利用一些机会组织其他老师、学生进行调研和探究，让师生在体验中学习。一位女同事回忆说："我参加评优课竞赛前搞实践调查，就是接受了梁老师的意见。他组织我们去燕京啤酒厂调查工业生产中是怎么利用温度的，还有孵化厂孵化小鸡是怎么利用温度的，再有蔬菜大棚是怎么控制温度的。从教学实际效果看，通过实践调研，学生更容易接受，事实上，这节课确实需要关注温度在生活中的一些应用，这就是物理教学结合生活实际，这些是他那时候的想法，很超前的，经过评优课，我触动也很大，梁老师的指导拓展了我对物理教育教学的理解。几年以后，报纸杂志上才提出这类想法，主张让学生去做课题性的实践活动，但是梁老师之前就尝试开展探究性实践调研，而且一直坚持这么做。"

流体压强和流速是什么关系？课本上是利用一些生活现象，比如说通过两张纸放一块，人用嘴一吹，两张纸就靠一起了。气体流动以后，压强发生变化，然后通过诸如此类的现象总结出结论。但是在实际操作过程中，梁学军把它变成一种创造，一种值得探究的物理情境。他举例说："比如说吹一个乒乓球，教师可以把它设计成三个对比性的实验。第一次，放在桌子上去吹，让学生去猜会出现什么现象。学生一定会说人吹气肯定往前吹，球肯定往前跑。第二次，教师可以把乒乓球放在漏斗下，一松手球肯定掉下去。第三次呢？教师还是把乒乓球放在漏斗下面，不过这一回教师从上边漏斗嘴往下面吹气，学生们肯定想，不吹气还往下掉呢，再往下吹气，乒乓球肯定就更往下掉了，实际上教师往下吹的时候，乒乓球却是悬着的，并没有掉下来，出乎学生的意料。通过创造这种认知上的冲突，学生特别感兴趣，产生探究欲望。学生会产生一些猜想，想探究为什么，教师可以顺势引导学生进行探究。这时候教师需要用学生知道的一些知识，帮学生分析一下，球之所以不掉下来是受到了一个向上的力，引导学生学习空气流动以后，压强会发生变化，受力也会发生变化。但不管是气体压强，还是液体压强，探究过程中都要靠教师自己去想办法，改变流速，再想办法去测定压强，这就需要设计一些学具，并让学生始终参与其中体验其中的困惑和乐趣。"

实际上，乒乓球这个学具不用教师自己去设计，教师只要有这种想法就可以了，东西是现成的。不过，一般的教师只是想到吹乒乓球，但梁学军在设计时，则把它分解成了三个层次，他希望通过设计让学生有一种认知上的冲突，这与普通教师设计实验不一样，他们通常不会想到设计三种方式对比。果冬梅老师说："用三种方式对比是梁老师的意见，后面还有陆续几个探究实验，所有探究实验最后归结到一堂课里面，探究方法就能够自然地渗透给了学生。实际上这些内容，要是按照课本上讲，未必能在一堂课渗透这么多，通过设计一节课就都包含了，这就是一种设计上的策略。梁老师一直推崇探究和体验，他始终坚持以这种方式去设计课堂教学，以提升学生的探究能力。"

### 3. 创设情境，活化学生对知识的理解

知识如果脱离历史背景和社会生活就会显得机械而单调。物理课本内容都相对简约，很多是以概念、定律的形式呈现，在介绍概念定律时，初、高中有一定区别，初中物理推理比较少，到高中推理相对较多，初中定性的内容多一些，高中定量的内容多一些，但是对于学生而言都过于抽象，不容易理解。梁学军认为，"教师讲课必须能够吸引学生，为此，教师需要精心设计组织自己的教学，像拍戏一样，需要让人觉得有意思，不能让学生觉得物理知识太抽象，课堂枯燥。设计好开头相当于把学生引进来，吸引进来之后教师需要进一步落实物理的知识和方法，最后还要想办法将知识和方法转化为学生的能力"。

物理教学中的故事性、生活性都非常关键，教师可以通过故事建立情境，激发学生学习兴趣。物理情境分为静态情境和动态情境，初、高中都一样，都需要情境，这是物理教学激发学生学习兴趣非常关键的因素。例如，教师在讲解"功"这一概念时，就可以通过建立情境来帮助学生理解。教师可以用实物演示讲解，从 A 点到 B 点做了多少功这一动态的过程，从而让学生逐渐理解，力在时间上的积累就是冲量，力在空间上的积累是功。

梁学军指出："有些学生为什么在老师讲完之后仍不能够理解概念，很大程度上是因为老师没有创设合理的情境，或者学生没有明白物理过程。物理规律常常体现在情境变化的关节点处。比如，把球投向墙壁，撞击之前球是向前运动的，撞击后运动方向变了，运动状态也就发生了改变。物理教学需要研究关节点，研究状态，通过建立情境来学习非常关键。"情境赋予了学生一种经验性知识，教师利用这种知识可以更好地引导学生学习新知识。教师需要以学生经验为基础，

引申并帮助学生建构出新的知识。学生的新知识应该在旧知识的基础上加深、扩展形成。实际上，纯粹的新知识并不是特别多，很多是旧知识上的变革，或增加或扩充。像 $m$ 是质量，$v$ 是速度，$mv$ 就是动量，两个旧知识结合在一起就是一个新知识。物理知识相互关联性强，前面的内容学生如果学不好，后面的内容也很难学好，在这个意义上，前面的知识是后面知识的情境，教师需要帮助学生厘清知识的脉络，实际这也是在建立学习新知识的情境。

教师在创设情境、活化学生对知识的理解时，必须站在学生的角度去考虑，这也符合建构主义的思想。教师需要先了解学生的背景性知识，然后再根据教学实际设计教学过程。教师不能只是按照自己理解的或者书本上的要求强制性地灌输知识给学生，教师讲的内容需要和学生已有的知识保持一定的关联，需要通过学生已有的旧知识引发学生产生新的知识，实际上，教学的过程就是知识不断有机累加、扩展的过程，就是教师不断运用旧知识引发学生共鸣产生新知识的过程。

### 4. 用形象理解抽象

物理学中有些概念很抽象，比如说 $m$ 代表质量，在初中物理教学中，质量是物体所含物质的多少。抽象的概念变成学生的认识需要一个理解的过程。教师在初中讲质量，开始可以给学生建立一个具有直观形象的情境，一个苹果，十个苹果，一堆苹果，一座苹果山。先建立多、少的概念，数量多质量就多，先从数量关系去理解。再转换成不同物体，石头和木头，一块一样大的石头和木头，石头质量大，木头质量小，实质是体积一样密度不一样。一个盒子里面空气量一定，压缩之后体积发生了变化，但是质量没有改变。盒子里面放十只蚊子，进行压缩之后还是十只蚊子。教师这样讲解学生更容易明白。教师讲密度的时候，可以举人口密度的例子，班级总共多少人，教室面积多大，坐在教室里人口密度是多少，同样多的人放在操场上人口密度又是多少……用学生身边的看得见的、形象的事物，去建立抽象的概念。即把抽象融入形象中去理解。

概念是反映客观事物的一般的本质的特征，是人们把所感觉到的事物的共同特点抽象出来加以概括形成的。概念并非只是一串文字，概念是由更小的概念，即子概念组合起来的。子概念和总概念既有区别也有联系，理解总概念时需要有一个情境，需要子概念作为基础，子概念是什么含义，教师需要先确立下来。例如，人们看到，白雪、白马、白布得出了"白"的概念。根据这样的认识规律，教师教学生学习概念时，应该从学生所能感觉到的事物入手。

梁学军认为，教师需要注意概念的动态生成，以及概念之间的内在关联。"为什么把 $m$ 和 $v$ 乘在一起，因为力的冲量是反映力在某段时间里的作用效果的，而冲量的大小就直接反映了物体动量的变化，即决定了物体的运动状态的变化。动量的变化直接影响冲量的变化，冲量的变化直接影响一些实际问题的解决。物理理论就是由一系列的概念有机组合在一起的，在物理学发展过程中，这样的例子很多。首先，要建立一些基础概念，进而衍生出新的概念，反过来再建立总的概念。概念讲究简洁、准确、深刻、严谨，这样相对容易记忆，有些词相对生僻，可能学习者并不太理解当时的科学家是怎么给出这些概念的，每个概念都有自身存在的价值，对我们解释生活解释世界有一定作用，不然它们也不会保留到现在，同时它们也在不断发展，概念的动态生成是每个学科都存在的。"

例如，在初中建立力的概念，力是物体对物体的相互作用。这个概念怎么建立，可以通过较多的生活例子来概括，例如人推门，马拉车，猴子挤气球，大象压地板，等等，把这些现象竖着写在黑板上。首先让学生感觉到这些事的精彩，并体会这些事物都有一个动作特征，随后把每句话中的动词"推、拉、挤、压"在黑板上用一个椭圆圈起来，并让学生对这些动词进行概括，最终引导学生用"作用"二字定性，随后对每句话中的"人、马、猴子、大象"也用椭圆圈起来，并概括为"一个物体"，对"门、车、气球、地板"等同样圈点，并概括为"另一个物体"，将三个抽象出来的名词引导学生用文字连接起来，并最终概括出力的概念：一个物体对另一个物体的作用就叫力。在这个概念中，"力"就是中心词，"一个物体"、"另一个物体"、"作用"是关键词。

作用的方式是有差异的。梁学军举例说："抽象的内容需要通过形象的事物来理解。力的作用就是一种影响，我推你有影响，我拉你也有影响。尤其是对初中的学生来说，需要先从形象开始建立，将抽象的词从形象的事物中概括出来。抽象按照程度差异可以分成不同层级，可以是一级抽象、二级抽象或者三级抽象。在初步建立概念之后，再进行概念的拓展，假设反过来你推他，他也推你，然后再讲力的作用是相互的，包括施力物体和受力物体两个相互对立的事物，以及施力、受力和反作用力等不同方面。有人去庙里面捐钱捐物，那他就是施主，相对的，和尚就是受主，这样去讲就活了，学生才容易记住。什么叫力？如果简单说'一个物体对另外一个物体的相互作用叫力'，学生即使记住了也不能理解。"

穿靴戴帽是梁学军归纳出的两种物理题型，说简单点，下面一个物体比较大，上面一个物体比较小，梁学军称之穿靴。如果倒过来，小的物体在下面，大的物体在上面这就叫戴帽。它不是物理规律，而是一种物理类型题，本来比较麻烦，学生也不大感兴趣。经过梁学军的归纳总结，学生很容易就记住了，也感兴趣了。这也是让学生用形象来理解抽象的生动例子。

## 5. 用艺术形式演绎物理史，让物理史活起来

为了让学生更加生动地了解物理史，梁学军组织学生举行物理学史汇报会，汇报会上学生表演用的那些剧本和演说词，都是梁学军自己亲手写的。梁学军写剧本的能力特别强，尤其善于编教学中的顺口溜，这些顺口溜语言优美、概括力强，知识被形象化之后也更容易被学生记忆。梁学军指出："任何学科都需要研究其发展史和演变轨迹，如果这些内容都不知道的话，学生学习时肯定会遇到障碍。用相声、小品等艺术形式学习完物理学史之后，学生更容易明白物理是怎么来的，而且那些科学家的故事非常有意思，通过对物理学史学习和表演，很多学生爱上了物理这门学科。"2002年，地球上出现金、木、水、火、土五大行星同现夜空的"五星连珠"的现象，这一现象几十年才会出现一次，我国古人通过绘画描绘这种图景，以表达对天的敬畏。

梁学军在介绍这一物理知识的同时，穿插相关历史故事和图片，学生便很容易就记住了。物理学在其演化过程中发展出许多有用的方法，对于教师教学和学生学习也很有启发，其他学科也一样，研究数学史、美术史对学生会有很多启发。

**物理学史活动课汇报会现场**

6. 梁学军的物理式养生小妙方和养生理论

梁学军认为，身体是革命的本钱，所以他很注意养生。他持之以恒坚持锻炼，每天早晨 5 点起床，到学校跑半个小时，然后洗漱、吃饭，开始一天工作，天天坚持风雨无阻。他每天中午坚持小睡一会儿。由于长期伏案和操作电脑，梁学军经常感觉到肩痛，于是他就地取材，把实验用的大号螺丝刀当作按摩锤，定时按摩，很方便也非常好用。

梁学军去四川参观学习期间，买回一把牛角梳，回来后自己打磨加工了一下，形成自己独特的梳头工具，平日经常用这把梳子来梳头。经梁学军加工过的这把梳子非常锋利，一般人不敢用，但是他利用物理压力的相关原理发明一种既不伤着头皮又能促进头部血液循环的梳头手法。平时脑力劳动多，累了、脑袋麻木时，他就坚持梳头 100 下，起到了很好的舒筋活血的作用。别的同龄教师头发发白了，已经开始染发，但是梁学军的头发却还是乌黑的。

游泳是梁学军所从事的各项运动中的最爱，每年暑假，他几乎天天去游泳池游泳，一去就是半天，他认为游泳有五大好处：给人带来凉爽、锻炼心脏、增加肺活量、增强体力以及能够减肥。梁学军最感兴趣的是游泳中有很多力学知识，浮与沉涉及浮力问题，自由漂涉及平衡问题，另外还需要考虑阻力问题，等等。在梁学军看来，物理老师不会游泳是一种遗憾，他自己特别喜欢在露天游泳池游泳。他认为："劳逸结合是教师保持活力和良好精神状态的重要途径，很多老师总爱抱怨说自己没时间锻炼，但事实上只要自己愿意还是可以挤出一定时间锻炼身体的，老师平时用脑比较多，根据物理学的平衡原理，锻炼身体其实非常必要。"

## 九、梁学军的管理思想

梁学军认为，如果只是严格管理学生还不够，如果学校教学缺乏吸引力，学生对学习不感兴趣，就很难避免打架、闹事等错误行为。现在许多学生出现了厌学的现象，更令教师需要注意管理的艺术。为此，教师在坚持严格规范、以身作则的同时，还需要不断提高自身教学的艺术、沟通交流的艺术。

### 1. 先执行、后理解的行动主义

梁学军在班级管理中坚持，定下来的规则要坚决执行，定下来的事情一定要成功完成，即"先执行，后理解！在执行中理解，在理解中执行！"这似乎与学生自主发展存在矛盾，不过在梁学军看来，学校需要有严格的行为规范，学生需要遵从行为规范，需要养成好的行为习惯。学生如果经过合理的、长时间的训练与磨合，养成习惯，就会逐渐习惯成自然，内化为自觉的行为。初中学生或者高中学生在刚入学的时候需要养成好的行为习惯，否则教师很难组织有效的教育教学。在班级管理过程中，梁学军不自觉地应用了心理学原理，在班级管理中诠释了"知与行"以及"规范与自主"的关系。并且，他认为，要

117

求学生"先执行后理解"需要与充分尊重学生、重视学生自主发展相结合。这需要教师的威信，需要学生对老师的充分理解、认识和认同，也需要教师对学生的充分认识和理解。

梁学军说："学生有疑问的时候先执行，让学生自己做，自己体会，其核心还是坚持以学生发展为本。在管理学生过程中，很多事情要求完成的时间紧或者很难短时间解释清楚，需要当机立断，雷厉风行，有时'为什么'问多了，反而会什么也干不出来。不过，做事情尽管需要'始于行'，但是无论如何必须'终于理'，至少需要在做的过程中让学生加深理解。"

### 2. 反向引导：初二逆反期学生的管理艺术

中学期间学生逆反现象一般发生在初二年级，初一的时候学生刚从小学升到中学，对中学还比较陌生好奇，老师说什么学生都相信或者说学生对老师都比较敬畏。初二时学生对中学已有些了解，也开始进入青春期，学生的生理、心理都发生很大变化，用梁学军的话说，这一阶段，"学生个子长高了，体力增强了，并开始有自己的思想了，为了证明自己的变化，往往喜欢跟教师唱反调——教师说东学生往往喜欢说西，教师让学生做什么学生往往找各种理由拒绝做，实际上他们在家里也是这样，并不是专门针对老师。对这一年龄阶段的学生需要采取特殊策略，一种是对他们出现的问题先放一放；一种是反向引导他们向正确方向发展。学生既然是说东就是西，那教师不妨就故意说西，引导学生往东边去，在和学生交流的时候特别需要注意和他们多商量"。在学生叛逆期，教师一定要学会宽容，学会等待，帮助学生度过这个令人焦虑和期待的困难时期，它是学生人生成长过程中的必经之路。

### 3. 班主任的为与不为

梁学军认为，作为班主任，组织班级活动是其基本任务之一。在组织活动时需要注意几个问题：首先是安排人员必须得当，否则很多事情都需要自己去做。其次，活动内容必须周全、详细，否则活动起来容易陷入混乱。教师自己承担很多班级工作，并不意味着学生就一定能够得到很好的发展，学生也不一定佩服这样的老师。班主任需要根据班级学生情况以及事情性质，灵活而合理地安排人员、拟订活动计划、活动程序，必须全面考虑、统筹规划、精心设计。

班主任教师需要把握住班级的发展方向和整体状况。调皮捣乱的学生通常只是班级建设中的个别现象，不是主流。教师不能天天用自己的智力去跟学生比拼，拼智力、体力是一种很笨的方法，并不是教学管理的艺术。带有艺术性的方法更容易打动学生，比单纯比拼体力的笨方法更有效，教师在班级建设中需要正确地把握住班级发展的方向，把握住整体。梁学军认为："干事要先大后小，要掌握整体，将个别问题糅合在整体规划之中。教师在班级管理中需要关注一般的、普遍的问题，在强调统一、和谐的同时，也不能忽视学生之间广泛存在的个别差异，而且个别学生身上的问题并不只是一种消极现象，很多时候可以将其转化为促进班集体发展的积极因素，每个集体都需要想办法处理班级中出现的消极因素，并努力将它转化为积极因素。"

4. 管理中的大与小，抓与放

教师在管理中需要处理好大与小、抓与放的关系。比如，帮助学生报志愿是大事，选择学习文科还是学习理科等也需要听取学生意见并慎重为学生考虑，它影响到学生未来的发展道路。再如给学生处分以及其他一些影响到学生未来发展的事情，也是需要教师慎重考虑的大事。

学生所处的年龄不同、年级不同，教师管理的内容和方式也应该有所差别。教师带高中与带初中不一样，相对于高中学生，初中学生更听教师的话，教师带高中学生相对更费心费力。不过梁学军喜欢带高中，根据他的体验，和高中的学生可以做一些深层次的交流，教师讲道理的时候，高中学生也更容易接受一些。

在梁学军看来，带高中学生需要教师把学生"镇"住。"镇"住后学生就信服教师，以后的工作就容易开展一些。高中的学生会跟教师暗自较量："你凭啥管我？你有什么资格管我？你哪些方面比我强？"

119

这就要求教师讲课得有一手，管理学生得有一手。当然，有的时候教师得和学生斗智斗勇，在梁学军看来，所谓斗智斗勇，就是"学生一次犯错教师知道但不追究他，两次犯错教师知道但不追究他，三次犯错教师知道但仍不追究他，每次都充满期待地与学生沟通交流。在宽容和期待中让学生感受到内在的压力，促使学生自己产生自我管理的意识和能力"。教师以放代管，学生会逐步形成自我约束。高中学生都有自己的思想了，如果养成了不好的习惯，很难通过外部的压力改正过来，而只能让他自己产生改变自我的压力和动力。管理有思想的学生相对比较麻烦，得唤醒他们的自主意识让他们学会自我约束，让他们实现自我管理，否则即使老师自己不休息成天盯着，也不一定能够保证教育效果。学生有了自觉性，会觉得自己不学点东西、不好好学习的确有些过意不去。当然，以放代管需要教师灵活把握放与管的尺度。

梁学军认为，在班级管理中，放与抓应该结合起来，具体来说要做到"大事放，小事抓"。这与我们一般说的"抓大放小"不同，"抓大放小"通常指的是做事情需要注重大的方面，不要太纠缠于一些细节。梁学军的"放"不是放手不管，而是放眼未来，给学生一些自由的空间。小事对于学生而言更加重要，是习惯的积累，是为人处世的基础。学生好习惯的培养需要从小事抓起。对个人而言，往往是大事造就前途，小事成就命运。教师在"学困生"问题上，更应该"抓小放大"。学生一时的行为问题不能轻易上升为品质问题，但对于他们身上发生的小事，教师则需要每一件都留心关注，在和风细雨中用环境的力量、集体的力量感染融化他们，使他们融入集体之中。遇到打架之类的大事，更应该在保护学生的前提下放这些学生一马，绝不能把他们推向社会，这样做对于学生、对于社会都是有害的。学生会一天天长大，等这些学生长大以后，他们会客观地评价以前读书时教师对他们的教育。教师要时刻提醒自己所面对的学生既是未来的大人，也是现在的少年，应该"风光长宜放眼量，放眼人生观少年"！

"放"不是不管学生，更不是放弃育人职责。梁学军认为，教师需要把眼光放远一点，特别是涉及学生未来发展的问题。学生在学习期间发生的一些事，如果没有根本性错误，教师可以宽容的必须宽容。这并不是放弃，是服务学生发展这一大的方向。抓小事，是指教师需要在平时多下功夫，抓学生日常教育教学中的小事，养成学生良好的学习习惯、行为习惯。教师一步一步扎扎实实推进学生在学习习惯和行为习惯上的改变，坚持不懈地抓，大事到时候自然也容易处理化解。

学生毕竟年龄小，还处于发展阶段，教师有的时候需要下明确的指令，需要强硬一些。不过随着学生年龄增大，教师管理学生需要调整自身策略，无论抓大放小，还是抓小放大，学生的发展是教师管理行动的出发点，教师必须为学生考虑稍微远一些，思考更深入一些。如果教师该管没有管，尽管他们当时可能觉得老师宽容，等长大以后，他们则会抱怨教师当初不负责任，没履行教师职责。因此，教师需要做好自己的本职工作，合理而有效地管理学生。

### 5. 每个学生都要动起来，联欢会是"大家的联欢会"

班级是所有学生的班级。联欢会应该服务于全体学生的发展，服务于班级的发展，因而每个学生都需要参与进来。每次联欢会，梁学军都精心准备，让班委组织全班同学先报节目，如果哪位同学没有节目，一定想办法让他参与进来，然后和同学们一起策划准备。梁学军明确要求，每个人必须有节目，不上不行，这是死规定。就是和其他同学合演节目、张嘴不出声也要上去表演。联欢会是锻炼学生能力和胆量的良好契机，梁学军每次都尽力让所有学生都参与其中，为此他想了不少办法，毕竟动员组织学生也需要想办法获得学生自己的认可。

同时，梁学军自己也会积极参与班级联欢会的组织和表演活动，梁学军口琴吹得很好，歌也唱得很好。每次联欢会他都会带头给学生表演节目。梁学军认为，玩是最好的学习方式。它可以增长阅历、增进感情、活跃气氛、调节心情、点缀人生，特别对人生有很大好处。梁学军最早的一批学生，现在已经三十六七岁，他们现在回忆学校生活时，特别怀念当初参与联欢会等各种活动的经历。

### 6. 做有想法、有行动的人

成功的管理者需要具有很强的执行力！梁学军有想法，对自己有非常明确的规划，并且严格按照自己的规划坚持不懈，直至最终实现规划所设定的目的。尽管做的过程中可能会有很多障碍，如人的、物的、利益纷争方面的，他总能够想办法克服掉，最后取得成功。这很不容易，需要投入很大的精力，有很强的行动力。

在梁学军担任物理教研组长期间，他要求物理组教师都做有想法、有行动力的人。有些教师觉得在他带领下干活尽管有些累，但也是一种幸福，因为能够学到很多知识，他会指导教师少走弯路，但同时教师本人也必须达到一定水平，他所要求的工作不是谁都能够轻易完成的，有些工作既需要付出精力也需要一定基础，老师们纷纷反映，要是到不了一定水平，却要跟梁学军干活会很累，会感觉总是追不上他。

### 7. 担当：团队建设中组长的角色与责任

1995年，梁学军担任物理教研组长之后，他所承担的工作任务多了许多，一方面，要规划教研组的发展，组织安排教研活动；另一方面，需要不断提升自己，使自己有足够的专业能力给其他教师以示范。在自身能力建设方面，梁学军总是力求使自己不断地创新，首先创新思路方法，其次创新课件，在创新中不断提升他自身的科研教学水平。

做教研组长需要相信教师、理解教师，同时自己需要具有较强的能力。在梁学军看来，"教师群体是相对松散的群体，各门学科之间差异较大，不同学科的任课教师交流较少，不像工厂的工人在上班时多集中在一起且工作性质较接近，相对容易交流。而且老师的工作业务量很难衡量。教师即使下班回家，特别在寄宿制学校，如果学校打一个电话通知，'有学生发烧了'，教师还得回学校。这些都增加了管理教师的难度"。有的人提倡说教师应当实施坐班制，梁学军反对这一观点，在他看来，管理就是相互的信任和对领导信服。管理措施必须要有实效，真的能影响到教师。"教育教学是良心事业，最好实施良心制，教师只要把教书育人的事做好了就行。作为学科教研组长，其有效管理其他教师的前提是他必须要一方面或几方面比其他教师强，能力不如其他教师即使管理也不会有什么实际效果，很难获得其他教师的认可。而且如果管理约束多了还会招致其他教师的反对，恶化同事之间的关系。如果组长具有较强的能力，其他教师认可他，教学科研方面的工作就容易组织实施了。"

在教研组工作中，有些教研组长发现自己的团队总有一些缺憾，希望总是与现实有一段距离。在日常化的、比较平稳的工作中，怎样才能把每个组员凝聚起来，发挥彼此的优势，一起创造出属于团队的奇迹？每个人都有各自的优势，只有互相之间弥补一些劣势，才能发挥整体优势。梁学军希望有这样一个团体，它能持续保持创业的精神，当然这有些理想化，很难做到。他在探讨这个问题的时候说："可以把持续保持创业精神作为团队发展的未来目标，但应该认可理想与现实的差距，因为个人的想法是理想化的，每个人都有每个人的活法、想法，个人的想法如果希望被团队所有成员马上都接受、认可并身体力行地实施，是不大现实的，不过，有了团队目标，我们就可以一步步缩小理想与现实的差距，最终实现我们的团队目标。"

带教师就是服务于教师，这也是管理教研组的基准。组长不能高高在上，必须要从教师的角度出发去考虑问题，并且要以身作则、身体力行。组长需要学会从他人视角看问题，学会从学校整体、从教育教学整体理解"别人是如何对待我的"。别人是自己的"镜子"，通过别人对我们的态度，我们可以更清楚地认识自己的优点与不足。

组长是靠前还是靠后？梁学军认为："组长在做事时要靠前，利益面前要往后靠，有什么利益先想一想组里面的组员，设身处地为同事考虑，让他感觉到组长在为他着想，即使组长做得有些欠缺，他也可以宽容，包括组长平时对他的批评，或者一些不爱听的话，他可能都能够接受。"

8. 不分里外人之中的信任

公平是组长有效管理教师团队的基础。教师在分班代课的过程中容易产生矛盾冲突，梁学军在教师分班代课的时候注意根据教师、学生情况保持总体平衡。在顺义八中，有些教师与梁学军是一起苦过来的，刚建校时大家就一起创业，白手起家一起打拼到现在。但是在具体工作安排上，他并不会给予他们特别照顾。有位老师回忆说："我原来带4个班，到初三的时候让我少带一个班，我找梁老师说，'请你把5班给我拿掉吧，我实在带不好他们，已经筋疲力尽。他们都不怎么爱学习，整个班都不爱学习已形成风气，我想尽办法也不能提高整个班的物理成绩，将他们转化过来'，梁老师并没有听我诉苦，坚持仍把5班给我带，让我多受一年的累。不过说归说，我也不太在意，他有自己的难处。我最后还是带了，有没有情绪？有，但那也只是一阵子，生气也就那么一会儿！他也是为工作，他要考虑到整体平衡。而且这也是信任我，差班他也不敢轻易交给经验不足的教师。其他教师承担不下来的话，班级就更难管理了，他知道我扛得住。有时，我会开玩笑和他说，你安排工作不分里外人。"

回忆起这件事，梁学军自己有时也觉得很过意不去，也很无奈。"作为组长，如果我给其他教师差班，接班的老师怎么看？老教师有经验就多承担些吧！"作为组长，他需要从全局角度考虑教师分工，从不考虑私人关系。因此，梁学军布置工作，其他教师通常都能够接受，他心中有自己的一杆秤。

## 小结

物理学是研究自然现象基本法则的科学，借助严格的数学工具，可以解释大到宇宙小到基本粒子的各种事物。进入现代社会，物理学理论不断被深化，其成果被不断运用于人们的日常生活中。鉴于物理学与人类生活的紧密关系，梁学军努力重新构建生活与物理教育的关系，推行陶行知所说的"生活即教育"，坚持生活是物理教育教学的基础和源泉。正如陶行知所指出的，"学校即社会"，就好像把一只活泼的小鸟从天空里捉来关在笼子里，它要以小的学校把社会所有的一切东西都吸收进来，所以容易造假。"社会即学校"则不然，它是要把笼中的小鸟放在天空中使它任意翱翔，是要让学校的一切伸张到大自然里去。

生活是许多自然规律、社会知识的本源，而规律、知识的作用就在于其来源于生活而又能作用于生活，进而改变生活。物理作为一门自然科学在这一方面显得尤为重要。物理规律现象可以说处处贯穿于我们的生活中。但长期以来物理教学中关于物理知识的传授都忽略了生活这一环节，以致使许多人认为物理学而无用，因而对生活中的物理现象也就理所当然地视而不见了，从而造成了实际生活与书本知识的脱离，以及探索精神的匮乏。

梁学军的活教育关注教育的整体性以及教育与生活的关联性，主张学生应该走出鸟笼式的学校和班级，到广阔的社会中学习知识、锻炼能力、陶冶情操。在实践探究中，他让学生从狭小的学校圈子和书本里走出来，学生不仅要读书，还要学习书本上没有的，比书本知识更丰富、更生动的活知识，把学校的教育和现实的社会生活密切结合起来，使教育为人和社会的可持续发展服务。

物理与我们的生活息息相关，学习物理最根本的是学会实验的方法、推理的方法，并且把所学知识运用于日常生活。现在，学生很多时候只能被动地从书本或教师的口中接受知识，所学习的知识脱离生活，所讲授的知识自然不能引起学生情感体验的共鸣，学生只能被动地接受物理知识，以致学生丧失学习兴趣。梁学军说："物理不能脱离生活实际，需要密切联系生活，要让学生觉得学的知识是有用的，为此，教师教育教学中需要准备两种语言，一种是生活语言；一种是书面语言。用生活语言去思维，用书面语言去表达。物理教师传授学生物理知识的时候应该从生活出发，这样培养出来的学生在实际工作中才是有用的人才。"在梁学军看来，物理学不能凌驾于生活之上，而要融入生活，而物理教学则需要基于生活又高于生活，教师教学时需要将物理放回到生活，放回到它赖以产生和发展的历史脉络中，按照学生的认识活动的特点，采用多种认识途径来学习物理知识。

物理中的每一个定律，都是对客观世界的物理本质属性和内在联系的概括，是主观和客观的统一。在梁学军看来，作为物理老师，不仅要讲解清楚物理概念、定律，更要传授给学生正确的思考问题和解决问题的方法，使他们拥有正确的物理思想。引导学生的思维并不是指教师要一味地以自己的思路来引导，这是一种单向的、灌输式的教育。正确的做法是，教师全面把握物理学的知识体系、方法体系，深入了解学生的经验世界和隐蔽的思维模式，弄清楚大部分学生关注什么，想的是什么，他们的思维在哪里被卡住了，怎么样使他们的思维顺畅连续，只有这样才能正确地引导，寻根摸底，找到病根，对症下药。物理教学是教师与学生的一种思想交流，是双方共同完成的。在教学中，要充分发挥师生的自主性、能动性，通过实验和实地调研打通物理与生活之间人为设置的屏障，全面培养学生的综合能力。物理思想方法能将物理知识和能力联结起来，而且具有可操作性，将物理思想方法渗透在教育教学过程，就能在传授物理知识的同时培养学生的自主发展能力，在物理教学过程中实现知识与能力、教法与学法的有机结合。只有这样，物理教学才能达到更高的境界，并最终真正实现活教育的目标。

物理学有自身相对固定的研究方法——实验和推理，也有自身相对确定的知识体系，如基本的概念、假设与命题等，这是物理学的基础，当然不能轻易改变，实际上，任何创新都需要在既有的基础上展开，教师在教育教学中的创新通常前期是学，后期是破和立，这和练书法相似，先描帖，再临帖，然后离帖。但是破和立并不容易，首先，需要遵循教育教学的基本规律；其次，教师得有勇气，得有创新的意识；再者，还得获取内外部的支持，特别是同事和学生的积极参与。

一位专家型教师，应该是一个善于学习，锐意进取的人。梁学军对于物理教育教学的许多想法在这些年中一直不断变化、发展，他对物理教育教学的理解和认识越来越丰富而深化。事实上，每位新手教师在成长为专家教师过程中都既有变也有不变的一面。对于梁学军而言，不变的是他对学生发展的持续关注，是对教书育人本质的坚守，变的是具体的方法与策略，是怎样改变内容和形式，从而让学生更容易在日常教育教学中有所收获。

　　梁学军的教育教学思想主要体现在他对物理教学、对学生和班级管理以及教师团队建设和物理科研工作的改革创新中，其中心工作是处理好知识与生活、学生与教师、当前考试与学生发展的关系，处理好日常教学与科研创新的问题。虽然不失严密和系统，但是很多仍处于不断探索之中，尚未完全成型，不过这些已经体现出了梁学军对"活教育"的追求和坚持。虽然这些年他在上述这些方面的认识又有了一些变化，不过他始终把学生放在第一位，他的改革与创新总是以学生发展为中心，以"活化"物理教学、提高物理教学水平为目的。

# 师德：
## 修身为先，育人为本

师德是社会道德在教师身上的特殊表现，它包含了历史性的来自传统的要求，也包含了现代性的来自现实的需要。教育需要有大爱——它是"活教育"的动力系统。热爱教育事业是师德的核心，热爱儿童、热爱青年是师德的主要内容。一位教师如果不热爱教育事业，缺乏高尚的职业理想，很难想象他是一位好教师。反之，教师如果热爱教育事业，树立终身从事教育事业的理想，必然会把自己的一切奉献给教育事业，也必然会热爱自己的教育对象——儿童或青年。

教师的师德主要体现在日常的教育教学中，特别是在班主任工作以及师生交往中。梁学军从教 20 多年，先后 5 年做班主任，虽然做班主任时间较为短暂，却让他遍尝了酸甜苦辣，同时也收获了快乐和幸福。对梁学军来说，班级工作是全体师生共同从事的一项事业，班主任是耕耘中的主体。只有当了班主任，才能真正体会到当老师的幸福。只有看到了毕业的学生，才能真正地体会到什么叫桃李的芬芳。班级是各种各样的，但需要的老师只有一种，那就是有追求并且执着于自己的追求的老师。

# 一、在班集体建设中育人

集体主义教学思想产生于十月革命后的苏联，以马卡连柯为主要代表，强调在集体中并通过集体进行教育，提倡尊重与要求相结合、平行影响、愿景教育等教育原则。[①] 梁学军结合班级工作实际，灵活运用集体教育原则建设班级。

## 1. 保持良好的纪律和环境，树立良好班风

健康的集体离不开纪律的保障。梁学军两次组建班集体，都是在开学之后一个月内就定下班规，以便在日后的工作中有依据。制定了班规后，他又非常强调严格执行，有奖有罚。在梁学军看来，惩罚绝

---

　① 单中惠. 西方教育思想史［M］. 北京：教育科学出版社，2007：497.

非是体罚或变相体罚，罚只是手段，而不是目的，主要还是从思想上教育，调动学生的积极性为班级做贡献。

一个集体要向着健康方向发展，除了抓好纪律，还要为其创造良好的学习环境。教室内的卫生、装饰以及板报等均属影响集体的环境因素，这些对于教学效果有着潜在的影响。梁学军组织学生在教室后面装饰上有思想内涵的艺术品，放上花草，精心策划每期板报，运用一切手段保证学习环境的整洁与和谐。

宿舍管理是寄宿制学校班级环境管理中不可忽视的一部分。很多爱睡懒觉的学生对宿舍"有较深的感情"。凡是有住宿生的班级，很多问题就发生在宿舍，许多不良行为如抽烟、打架等也都发生在宿舍。班主任如果疏于对宿舍的管理，宿舍很可能成为影响整个集体发展的破坏性"据点"，因此必须给予足够的重视。梁学军经常向宿管老师询问班上同学的情况，还让本班两个男生宿舍长给他配了两把钥匙，随时进行检查，以便及时发现隐患，将一切不安定因素消灭在萌芽阶段。

## 2. 培养班干部，要求他们正人先正己

梁学军培养学生的指导思想是：不听老师的话的学生不是好学生，只听老师的话的学生也不是好学生。对前者，老师应要求他遵守学校各项规章制度，对后者老师则要指导其应有开拓精神，做事要有自己的主见。对班干部的培养，梁学军更为重视。他认为，要想形成一个坚强的集体，必须有一个强有力的领导核心，因而就需要选好、培养好一批有能力的班委成员，高一、高二两次组建班委会，梁学军做了以下几方面的工作：首先选拔人才，选那些责任心强、工作热情、吃苦耐劳，在同学中具有一定威信的学生；其次，就是培养干部，对他们给予各方面的指导。

梁学军对班干部提出三点要求：第一，在同学面前讲话，音量要提高一倍；第二，说话必须干净利索，哪怕是事先背下来；第三，说话必须有层次，条理清楚，容易让人记忆。此外，他特别要求班干部要严格要求自己，逐步树立自己的威信。严格要求无论对集体还是对于班干部本人都有好处。"正人先正己，不令而行。"不严格要求自己

的班干部，只会把自己推到同学们的对立面上去。一个班干部能够在同学们当中顺利工作，除了要具备一定的能力，还必须有一定的威信，而威信的树立主要靠他们自己，当然也需要班主任老师支持。有的学生在体育上、文学上有特长，很容易在同学中取得威信，而有的学生有特长但没有机会表现，这就需要老师去给他创造机会。梁学军认为，从这几方面培养干部，最终会使整个班级组织向良性运转。不过，培养班干部并不是塑造第二个班主任，班干部和班主任在功能上需要互补，否则就是班级团队建设的失败。

### 3. 在谈话中传递对学生的爱

教育的基点是爱，马卡连柯曾经说过，没有爱，就没有教育。每一位老师，特别是班主任老师应该全身心地从生活上、身体上、思想上关心每一位学生，切不可歧视一部分学生。在梁学军看来，每个学生都是可爱的、有潜力的，"你的鞭下有瓦特，你的冷眼中有牛顿，你的讥笑中有爱迪生"，教师对学生的爱需要表现在日常的一言一行中。

从高一到高二，全班80%的学生都被梁学军请过去谈话。他和他们促膝长谈，不只是谈学习也谈生活，深入了解他们的思想，解除他们心中五花八门的困惑，构建起良好的师生关系。梁学军认为："谈话是教师的基本功，同时也是教师职业的本分。教师与学生谈话是有讲究的，为什么谈？和哪个学生谈？谈什么？什么时间谈？在哪里谈？怎么谈？也是需要有6W理论的，即why、who、what、when、where、how。针对不同的学生，要采取不同的策略，对谈话的话头、话中、话尾应该提前有所设计，又要留下一定的空间，根据谈话进程灵活处理，对学生要进行分层式、分散式的谈话。"谈话是教育的重要方法，是教育的一部分，师生之间的深度对话对学生短期的学习心理和远期的发展都有着重要作用。

### 4. 抓教学，注重德育实效

德育不能脱离教学，梁学军根据教材的特点，在物理学科中把哲学思想有机地渗透进去，对学生世界观的形成起到了一定的积极作用。

为了配合爱国主义教育，梁学军绘制了幻灯片，并用手工一笔一画地绘制许多科学家的画像及生活历程漫画。为了制作这些幻灯片，梁学军常常熬到半夜，后来出现 PPT 以后，他又马上学习，用它来提高德育效果。

教育教学是学校的中心工作，也是教师的中心工作。班主任通常由一名讲授文化课的教师担任，因此，一名出色的班主任也必须是在教学方面表现优秀的教师。否则无从立信，或者虽令不从。班主任抓好自己的教学，对于班级管理也起着不可估量的作用。刚开始做班主任时，梁学军还年轻，他几乎白天所有的时间都用在处理班级事务上，因此，只能在晚上备课、钻研教学。1992 年，梁学军第一次教高二物理，同时又教文理两个班，需要花很多工夫备课，每天备课都要进行到深夜。为了写好一个教案，要查阅很多参考书，一天的睡眠时间也只有五六个小时，有时为了教学上的需要，还要抽一些时间做一些教具、做投影片。老师的辛苦学生们看在眼里，这些都潜移默化地影响、塑造了学生的行为。

## 5. 送给毕业班学生一场人文化告别

梁学军 2009 届的学生快毕业时，顺义八中组织了毕业生典礼，典礼进行了一个多小时，大家都非常激动。为准备这个典礼，梁学军把学生从初一到初三，从入学军训到中考百日誓师等各个阶段录制的视频、图像资料精心剪辑、编辑，整理制作成了一个短片，在会场放给同学们看，同学们百感交集。看到自己入学时的幼稚神态他们笑了，看到艰苦的军训他们哭了，他们一边看着短片，一边深情地回顾着中学生活的点点滴滴。

典礼快结束了，学生们请梁学军讲话，他说："今天我讲话，只想谈一点感想。我们在一起三年了，我对大家非常恋恋不舍，你们军训的时候还小，三年过去了，现在都长大成人了，男孩子帅了，女孩子靓了；其次，我想说的是，毕业前这段时期有两件事要做，第一件事要把中考考好，第二件事以后的路要走得踏实一点。我记得当年我高考结束后的最后一天下午，我的班主任老师把我们留了下来，给我们

133

写了两首诗，其中一首诗是：'男儿立志出乡关，学不成名誓不还。埋骨何须桑梓地，人间处处是青山。'他告诉我们，毕业以后无论到哪里都要多读一点书。人要有点志向，有点气魄。另外，他还告诉我们，将来出去以后做一个对自己负责的人，做一个对家庭负责的人，做一个对社会有价值的人。我始终记着这首诗，它一直鞭策着我，今天我把这首诗传递给你们。此刻我的心情很复杂，难以表达，就用我送给你们的纪念册中的寄语作为结束语吧，题目就是"永远的八中人"，你们现在是八中人，将来你们走向社会，八中永远支持你们，做你们的后盾！"最后，梁学军朗诵了他写给同学们的小诗。

> 寒窗三载绣青春，滴水穿石书殷殷。
> 待到六月试锋日，断水截云笑于心。
> 依依惜别情切切，珍爱最是永珍存。
> 遥望明天日千里，今日稚苗蔚成林。

梁学军认为，学生需要一种情感教育，需要给予人文关怀，学校要对学生负责，对他们抱一种负责的态度。并不是中考完了、学校升学率上来了彼此就没有关系了。学生总有长大的时候，学生考完试、升了学并不是学生与学校关系的结束，而是学生与学校新关系的开始。学校需要给学生一点值得回忆的东西。这就是学校对学生未来的影响，也是"母校"二字深切的含义，其中蕴涵着殷切的希望，也承载着责任。

# 二、修身为先，提高自身素养

在班级管理中，班主任自身素养极其关键。班主任组织能力的强弱，班主任兴趣是否广泛，对整个班集体的发展有着很重要的影响。

班主任面对的是一批有朝气的年轻人，班主任说话必须有一种感染力，有一种鼓动力。有什么样的班主任就会有什么样的集体，班主任各方面素质出众，通常其班级成员的发展也会很好，即所谓"强将手下无弱兵"。为此，班主任需要一种课外功夫，在搞好日常教育教学的同时，发挥个人才能吸引和团结班级学生。实际上，一位班主任就是一个集体的化身。班主任教师需要根据自己的个性特征，学科内容特征以及班级学生的实际管理班集体，与全班同学一起塑造既有自己"影子"又有同学"风貌"的班集体。

管理者自身能力强才能有效管理。班主任的素养有些是先天的，有些是经过后天刻苦训练形成的。梁学军从小受家庭影响，对于书画略知一些，上大学由于受宿舍同学的影响，对音乐也了解一点，摄影则是他非常喜欢的一门艺术，这些才能和爱好为他开展丰富多彩的班级活动奠定了一定的基础。班里举办一些书法绘画、摄影方面的活动时，梁学军就指导学生。学生出板报，他就跟他们一起策划、编辑，班级开联欢会，梁学军利用自己所长给学生编排节目，而且他自己也参与到节目表演之中，从而无形中既拉近了与班级学生的距离，又树立了威望。

尽管学校文化、班级文化可以影响学生、塑造学生，但是，管理者仍需要不断提升自身素质。班级管理需要获得学生内心的认可，不是要求班主任处处比学生强，不过他需要在一些基本能力方面强于学生，这样才能对学生进行有效指导。班主任如果智力不如学生，体力不如学生，甚至知识方法不如学生，他也就失去了做教师的资格。梁学军认为，教师凭什么管学生，管学生的基础是教师在一些方面要强于学生。

教师的教育教学效果与教师自身的知识积累有关，教师只有通过持续学习，不断提升自己，才能扩大自己的知识积累，开阔自己的视野，这是一个日积月累的长期过程。梁学军平时非常注意各类知识的积累，如诗词方面的积累、文化生活常识的积累等。类似的一些知识，跟物理学科结合起来，往往产生出其不意的效果。如果教师只是懂所授学科那么一点东西，尽管也可能使学生的成绩有所提高，但是很难有更大的发展，更难以有效育人！梁学军平时非常注意资料积累，有时间就去北京市里的西单、海淀和王府井三大图书城购买与物理教育教学相关的书籍，如《邮票上的物理学史》《物理与艺术》等。

## 三、师德以育人为本

梁学军认为，学校教育教学应该给学生一些有价值的东西。学生长大成人后需要什么，学校就应该给学生什么，要不就失去了学校的意义，失去了教育的价值。学校若是过于功利，把教育作为工具，就会丧失自身赖以存在的基础。

对学生的理解和定位与对学校的定位紧密相关。学校是什么？学校特别是作为国民教育基础的中小学对于社会和个人的功能是什么？尽管每个人对这类问题有着不同的理解，但从学校的发展历史看，学校功能在历史发展过程中主要有两种趋向，一是偏向于服务社会；二是偏向于服务个人自由天性的发展。事实上，受考试选拔制度的影响，存在着更为严重的既不服务于社会也不服务于个人的情况，它转而服务于考试本身，从而背离教育的本质，即教育应该坚持育人为本。

### 1. 眼界即知识，体验即能力

梁学军带学生去清华大学参观学习

人的发展不只是依靠学习书本知识，个体的经验和视野决定了个体可以发展的方向和程度。为扩展学生的眼界，丰富学生的经验，梁学军每学期都组织学生开展文体活动，活动留给学生一些值得怀念的东西、一些美好记忆，活动也给学生提供了未来发展可能用得着的资源和动力。

人总是倾向于忘记自己不愉快的经历，学习不是或者不能单纯只是刻苦学习，如果太苦很容易被遗忘，学习应该是学生特别是中学生张扬自己个性、寻找自己未来方向的起始点，丰富多彩的活动可以给学生提供多方面的锻炼机会，多方向地尝试，可以给学生提供了解自己、寻找未来发展道路的良好契机。

2. 习题具有德育功能

梁学军坚持在习题中培养学生的意志力，培养学生的学习兴趣。他鼓励学生多思考一些比较复杂的物理题，学生经过自己辛苦努力做出比较难的题目，往往会特别有成就感，学习积极性也会提高。某些学生特别喜欢挑战，在挑战之中往往越战越勇。教师可以给他们提供一些竞赛性、实际应用价值高的题目，这样可以激发他们的兴趣，开发他们的智力，培养他们知难而上、勇于拼搏的精神品质。

3. 关爱为经，才能为纬

梁学军做班主任的时候，坚持亲自动手给学生写留言、写评语，他认为这是在给学生留下值得记忆的东西，是在传递教师对学生的关心、爱护和期待，是学生学习知识之外一生的财富，它的价值甚至大于日常教学。

"作为一名教师，有的时候还必须用能力让学生信服自己。"有一次，学校要求各班召开主题班会，梁学军对一位年轻的班主任老师说："开班会在黑板上写标题的时候，第一次要由你来认真写好，以后逐步可以让学生自己去写。把标题写得很漂亮，学生就会非常佩服你，其实这样的字很好写。"那位老师开始有些发怵，梁学军教他一个小窍门：先用抹布团成一团，根据字体的粗细选择抹布团的大小，然后蘸上一些水，在黑板上很快就能写好了。老师的字一般都要比学生的好一些，只不过缺少这方面的尝试而已，在写字过程中还需要注意一些色调的搭配，练几次就可以了。

在做班主任管理工作过程中，梁学军注重培养学生多方面的才能，特别是艺术方面的能力。他从字的结构到字体的选择，从内容的设计到颜色的选择都对学生进行指导，每一届学生中他都要培养几名优秀的宣传委员，他所带班级的板报在学校评比时每次都是全校第一。现在的学生由于没有书法基础，所以设计的板报质量相对差一些，梁学军对此感到非常遗憾。

### 4. 教育者不能失去根本

梁学军对现在的教育有些焦虑，他常和周围的同事和朋友探讨："我原来读书的时候，老师让我们做的一些事情尽管当初看起来与学习关系不大，后来证明整件事情对自己非常有价值，这些事情启迪了自己的人生。现在一些学校受不良社会风气影响，有些丧失根本，学校应该有它自己的价值追求，有赖以立校的文化，特别是要坚持育人为本不能动摇，这是学校对国家和个人不可逃避的责任。当然，特定学校的育人文化需要长期的培育和积淀。"

国家投资大量经费兴办教育，学校和教师需要承担国家赋予的责任，特别是基础教育需要培养人的基本素质。如果学校或教师为了出名，将学生异化为工具，这就违背了国家兴办教育的本意。学校需要遵从国家对它的基本要求，为学生的真实发展负责任，这是一个基本要求。现在中央所提倡的教育与地方学校所实施的教育有很大差别，教育领域存在一定的浮夸现象，对此梁学军特别忧心："现在的学生正在被迫拿自己的青春去赌所谓的明天，但是身体累坏了，明天还会美吗？"

### 5. 发现"活"班学生的闪光点

在班主任工作中，最难做的莫过于转变后进生的工作。梁学军所带的班级，后进生较多，但任何事物总有两面性，即使是后进生，他们也有优秀的一面。例如，有的学生学习不好，但体育是强项，或者文艺方面有天赋。梁学军通过各种渠道全面了解情况，发掘学生身上的闪光点，针对不同学生的特点，有针对性地采取不同方法，耐心、细致地做工作，让后进生也能不断进步。

高一（3）班是一个较"活"的班，管理宿舍的老师经常抱怨，说这个班不好管理。对这样一个班级，梁学军没有采取歧视的态度。他通过其他同学了解学生的情况并分析原因，对不同的学生力争对症下药，对于不同情况的"问题学生"，要求他们改正错误的时间也各不相同。班上的某同学开学初打架，受到了学校留校察看处分，但他体育很好，梁学军就鼓励他发挥体育特长多参加班级体育活动，创造机会培养他在体育活动方面的才华，还经常找他谈心，帮助他首先在纪律上稳定下来，之后再逐步培养他的自信和对学习的热情。

有一位来自农村地区的学生，在以前的学校散漫成性，经常不上晚自习，还和别的同学一起故意惹老师生气，抽烟、喝酒，甚至还到校外折取花木，在课堂上点火，甚至以此向同学炫耀。有一次他请假，梁学军不准，他就私自不来上课，还蒙骗老师。梁学军调查完这位学生的情况后意识到，其在短时间内是不能转变过来的，愈压愈发，只能采取一反常态，欲擒故纵的策略，从内心去一点点感化他，做长期转化工作的准备。经过仔细考虑，梁学军把这个学生的转化时间定为一年。在此后一年时间里，每一次发现他犯错误都不严厉批评，而是找他谈心，耐心地引导他说出自己错误的地方并做记录，然后让他给自己规定一个犯错误的次数，问他"这次应是倒数第几次"，他只好说"倒数第一次"。下一次犯错又问"这次应是倒数第几次"，他便不好意思，又说"倒数第一次"。这样反复几次，他内心渐渐有了自我约束的意识。第一学期梁学军"放纵"了他十二次，找他谈话二十多次。最终，他转变过来，学习成绩也从期中考试的39名前进到期末考试的第10名。

师生关系因"教"与"授"造成客观的不对等关系，学生特别是处于权利意识萌芽的青春期学生会对这种关系产生本能的反抗意识，他们的内心里往往会有一种挑战权威的冲动。教师想让学生理解老师、尊重老师，自身首先需要理解学生、尊重学生。梁学军指出，做后进生的工作应从五方面着手，即"摸清情况分析原因；掌握心理特点调动积极因素；动之以情，晓之以理，耐心期待；培养他们的学习兴趣；抓反复，反复抓"。转化后进生需要一个过程，需要教师用"活"的视角看自己的学生，努力挖掘日常教育教学中鲜活的、有助于学生发展的方面，避免僵硬化的、机械化的思维模式，不能将学生"问题化"。梁学军通过换位思考，一点点积累与学生交往的经验，增强对话的能力。经过三年的努力，梁学军所带的班由一个散漫的班级成为一个先进的集体。

### 6. 理解"不守纪律"的学生，转变从心开始

淘气不属于品质问题。梁学军认为，淘气属于行为习惯范畴，并不是品质范畴。淘气的原因可能是因为学生精力过剩，也可能是因为学生心里有不满情绪想表达自己的不满。学生的品质问题通常指的是学生本身做了错事甚至是伤害人的事情等。教师不能轻易将学生一时的淘气行为划为标签化"坏"品质问题处理，把学生的一些行为放在行为习惯范畴能够增加教师和学生之间理解和沟通的可能性，师生之间的关系厚度增加，弹性也会增大。当然，不是说教师不能批评教育淘气的学生，教师得采用灵活的方式提醒一下。如果学生的确有品质问题，教师就需要格外注意，需要更慎重地处理。中学生未来的路还很长，他们的身心都还没有定型，给他们多一些宽容、少一些定性是对教育工作者的基本要求。

教师教育教学难免会遇到调皮捣蛋的学生，对于这些，教师需要做好做长期转化工作的准备。有些学生调皮捣蛋的历史不是一年、两年，甚至从刚上学不久就开始形成，其调皮捣蛋行为不是一时出现的，是长期形成的，已经变成他们习惯性的行为。教师需要正确地理解调皮。调皮的学生往往有魄力、头脑灵活，在毕业后也能够干出一些成绩。而且调皮对班级来说也是一种资源，班级的活跃往往依靠这种学生，而优秀的班主任正是通过和他们的"斗争"锻炼出来的。

梁学军曾经遇上一名学生，他经常抽烟，而学校是明令禁止学生抽烟的。尽管梁学军觉得抽烟不是好事，但他认为马上让这名学生改掉这一不良习惯并不现实。于是他和学生共同讨论确定了一个改正的

期限。每次碰到这名学生抽烟，梁学军就问他是第几次犯错，还有几次可以改正的机会。问多了，学生开始自己觉得不好意思，抽烟次数逐渐减少，直至彻底戒了烟。正如苏霍姆林斯基所指出的，"有时宽容引起的道德震动比惩罚更强烈"。教师需要客观地看待抽烟这类问题，不要简单地把它当作品质问题看待，有些学生只是为了好奇，也有的学生认为抽烟气派，能够让别人关注自己。教师不能把学生一时的调皮淘气上纲上线，要客观对待。

梁学军进一步想，其实学生抽烟也有部分教育工作者自身的责任，如果学校很多教师，甚至校长也抽烟，教师教育学生不抽烟本身就是一种矛盾。学生会反问"为什么教师抽烟，学生不能抽?"教师只能回答，"第一是健康问题；第二是社会观念不允许"。但是这种回答多少有些苍白无力。

学生的改变通常是从内心开始的。如果教师宽容地对待每一个学生，就会从内心里接纳他们，不会用所谓的"红眼"、"黑眼"、"白眼"、"冷眼"看自己的学生。有的孩子有不好的习惯，教师跟他谈心，让他从内心认可接受了之后，就会有所改变。学生只要认可教师就会"给教师面子"，比如上课不再捣乱，宁可上课睡觉也不会捣乱（当然这种行为也需要教师一步步引导改进）。这就要求教师真心尊重每一个学生，学生能够感觉到来自教师的关爱和尊重，会分辨出教师行动中的"真"与"假"。如果学生觉得教师不是只以学习衡量自己，是真的关心自己，不是说自己学习不好教师就不爱自己，他们最终会接受这种关爱逐步转变过来，尽管中间可能会出现反复。

## 7. 全面评价学生，做小心的教师

学生是一个整体，处于不断的发展变化之中。评价学生既需要看学生的现在，也需要参照学生原有的基础，既需要关注学习成绩又需要关注其他方面的素质。整体上评价学生，关键要确立评价学生的核心指标。在梁学军看来，评价学生最重要的是看学生在学习过程中是否提升了他们的自主性，养成了自主思考自主发展的能力。学生学习不应该是被动的，对于学习、对于他们自身的未来发展，学生本人应

141

该有他们自己的思考，教师在培养学生的时候，需要鼓励学生自己思考。梁学军的很多学生毕业许多年之后还记得他的这句话："想不通的事情得努力想，想了、认真思考了总会有收获。"

梁学军坚持"做一位小心的老师"。每个学生都有可能在不同阶段犯些小错误，教师需要理解学生，不能乱给学生贴标签。对于偶尔犯错的学生，教师需要引导他们向积极的方向发展，形成学生正向的自我预期①。在梁学军看来，每一位教师都需要保持"小心"，而不是简单粗暴地对待学生。教师需要时刻提醒自己，不对学生做简单的、泛道德化评定！

教师需要慎言。教师所说的话是需要负责任的，教师不经意说一句话，可能对学生影响很大，学生往往会很在意教师对他们说的话。梁学军说："就像领导说普通教师一样，哪怕跟教师开玩笑，教师也得想想背后的意思。同样一句话，不同身份的人说就会有不同的效果。教师对于学生正是如此，因此，教师跟学生说话需要特别谨慎。对学生有影响的话特别是批评性的话，教师需要特别注意，能不说的尽量不要说，能间接说就间接说，能私下说的就私下说。要注重说的效果，不能意气用事。有时教师在批评学生的时候，尽管是出于好心，但是如果一些话说过头了，会造成一些难以挽回的后果。忘记教师身份、出于好心、意气用事都是师生交流中需要注意的，教师不同于家长，从养育、共处时间上无法与家长相比，学生包容家长是很平常的事情，但学生完全理解教师还是比较难的。"

## 四、一般管理中的师德

教师在一般管理中的师德多体现在教师对学生的日常行为管理中。教师对学生行为的支持与反对，要求与宽容，应该有助于积极的、建

---

① 美国著名社会学家默顿在其《社会研究与社会政策》一书中提出"自我实现预言"，认为一种最初是虚假的但被广泛接受的预言、期望或信念，最终却实现了，这不是因为它是真实的，而是因为太多的人把它当作是真实的并以此去行动。

设性的师生关系的生成与发展，有助于学生良好行为习惯的养成与内化。

1. 轰走学生

梁学军对待所有的学生，无论成绩好的还是成绩差的都是一视同仁。一般的老师不喜欢自己所授学科成绩差的学生，但是梁学军不同。他认为学生之间总是会存在差异的，但他们都有发展的潜能，教师需要创造条件让每个学生都能有所发展。由于他关注到所有学生，其所带的班级特别和谐。1992 年梁学军所带的班级，到高二需要分班，梁学军仍然带理科班，那些理科成绩较差的学生到了该分班的时候也不愿意到文科班去。

"我要学理科。"看到同班同学基本都学理科留在了梁学军身边，段长鹏自己找梁学军提要求要学理科，留在梁学军的班上。

可是，这次梁学军却没有了以前的和蔼，毫不客气地问："你学理科干吗？"

其实，段长鹏知道自己理科相对薄弱，尽管平时经常找梁学军补课，但还是不能很好地掌握物理和化学学科。梁学军把知识点跟生活实际结合起来跟他讲解时，他一听就明白，可是一旦做题总出错。但是，他对梁学军特别有感情，不愿意被分出去，于是继续磨——"我们班男生就出去我一个？我不想走！"

梁学军看段长鹏还不死心，就不再多解释，直接把他"轰"走了，坚决不让段长鹏学理科。之后，梁学军私下反复和段长鹏解释："你的文科基础好，又有画画天赋，理科基础差就不要再耗在理科班了，喜欢班级可以理解，但是要结合自己实际情况选择文理科。"最终，段长鹏选择了学文科，而梁学军虽然不再直接教他，但是有机会就和他交流，还经常给他补课。

2. 理解并善待学生，在和谐关系中促其发展

对于教学生，梁学军感觉还是担任班主任感悟更深一些。他认为做老师如果不担任班主任非常没意思，担任班主任可能当时很苦，但

是过后会觉得非常有意义。如果不担任班主任只是教一门学科，学生毕业走了，也就结束了，教师自身留下的值得回忆的事情比较少。学生对一般任课教师印象不深，毕竟一般任课教师教学之外与学生互动少，深层次交流接触的机会更少，彼此之间很难积累深厚的感情。梁学军回忆说："1986 年，我教第一届学生，当时我也不大，学生们也不大，自己跟孩子王似的，学生毕业时，梁学军带部分学生骑车从顺义一直骑到怀柔慕田峪长城，72 里路，其中一半是山路。大家在去的路上有说有笑，非常快活！那天天气不好，到后来下雨了，大家冒着小雨爬上长城，一阵凉风吹过来，把大家冻得一起哆嗦，平时老师一脸严肃的表情荡然无存，此时大家忘了谁是老师，谁是学生，只看见一群无拘无束的孩子和稍微大一点的孩子王。"梁学军的学生回忆说："我感觉我们同学都很敬畏梁老师，也非常喜欢他，尽管有时候他会特别严厉，不过那时候他年轻也没结婚，和我们交流非常多，走得很近，学校里的其他老师都叫他'小梁子'，我们班同学私下也经常叫他'小梁子'。"

1991 年 9 月，梁学军开始担任高一（3）班的班主任工作，这些新来的学生面对梁学军这个年轻的班主任立刻表现出一种怀疑、观望、防卫的心理。梁学军意识到，必须尽早地和学生接近，通过与他们共同学习、共同活动、共同游戏来互相了解，以便使今后各项工作能够顺利开展。入学伊始，学校开展了军训活动，学生冒着酷暑在操场上进行训练，梁学军始终站在一旁陪着他们，学生练得满头大汗，他也站得腰酸腿疼。休息时，他和学生们一起说笑、聊天，交流感情。期间，有一件事给梁学军留下了很深的印象。学校在军训中期组织了一次建校拔草劳动。劳动之前，梁学军在劳动地点把任务做了细致的安排，然后就帮助一个组去借车了。等他回来时，发现有很多学生坐在树下乘凉，有的学生发现他来了，站起来去干活了，有的学生还默然坐在那里。梁学军当时什么都没说，拿起一把铁锹就干了起来。他隐约听见身后有个女生说："呵，还挺以身作则的……"过了一会儿，他的衣服就被汗水打湿了。"咱们也干点吧，别坐着了……"他又听到了那个女生的声音。一会儿，树下的学生都站了起来。这就是梁学军任班主任以来和同学们的第一次接触，通过军训和劳动，学生们感觉到这位班主任和他们还合得来，是个可以接近的人，这为以后工作的开展打下了基础。

教师热爱学生不仅要身体力行、平易近人，更重要的是关心爱护学生，用自己的行为举止去叩响学生心灵的琴弦，引起学生感情上的共鸣，诱发他们勇于上进的决心和意志。教师的感情投资越多，学生越热爱教师，学生的心灵就会越接纳教师，也愿意听从来自教师的建议，即所谓"亲其师而信其道"。刚入学时，梁学军发现班上有一位学生管不住自己，喜欢无故旷课，还经常和别人闹矛盾甚至发生争斗。最初，梁学军认为他只是一名散漫的学生，并没有什么特殊原因。入学后的第二次仪表检查，全班20名男生中，唯独他的头发又乱又长，于是，梁学军要求他第二天早读前必须把头发理好。第二天一早，梁学军到班上时却发现那个学生的头发依旧完好无损，梁学军很生气，心里想：这不是有意对抗吗？这怎么行啊，以后的工作怎么做。不过尽管如此，梁学军还是耐着性子向他走过去，结果那个学生先站了起来，对他说："老师，我没有理发，我错了。"然后就一动不动地注视着梁学军。从他的表情里，梁学军发觉他似乎有什么难言之苦，就先让他坐了下来，决定下午放学再找他。

课间休息时，梁学军对这个学生周围的一些同学做了些调查，才知道这名学生家里生活困难，他不忍心向母亲要钱理发。他们家里一共有5口人，两个哥哥都在上学，父亲常年有病，负债累累，唯一的经济来源就是母亲每月挣的微薄工资。

下午放学后，那个学生来到梁学军办公室，没等他说什么，梁学军就告诉他自己已经了解了他的情况。那个学生最初很吃惊，很快目光下移头低下来，眼里含着泪水。梁学军告诉他："我很理解你的处境，你很心疼你的母亲。不过，如果你真心疼的话，你就应该把学习抓上去，这才是你对她最好的回报，这才是孝顺。"然后，梁学军说："如果你不嫌弃的话，我可以为你理发。"学生答应了，于是梁学军找来一把剪子，仔仔细细地剪起他的头发来，梁学军剪的自然没有理发店的好，但还说得过去，理完后学生看着镜子觉得很满意。以后这名学生就成了"梁学军理发店"的固定顾客。每次理发梁学军都会借机和他谈学习方面的事情，给他做一些思想工作。经过一段时间，这名学生的学习成绩提高了，组织纪律性也大大增强。

### 3. 亲其师而信其道——策略方法跟着学生走

学生段长鹏回忆说："梁老师可敬也可亲。1991 年，我们读高一的时候，梁老师担任我们班主任。当时，他刚毕业没有几年，还很年轻，没结婚，做事很有激情，和我们打成一片。我们班在全年级最活跃也最团结。"学生亲什么样的教师？有些老师可能知识上功底很深，为学也很严谨，可平时很少在学校，学生对他的印象不深，学生对他知识教学很佩服，但是不愿意和他亲近，可以说那些老师属于可敬但不可亲的教师。

在梁学军看来："亲师信道是辩证的。亲其师而信其道，信其道而近其师，是个循环往复的过程。越亲越信，越信越近，越信越亲，这是一个逻辑闭合的循环系统。当然，作为教师需要问自己，学生因为什么而亲，最开始的切入点是在哪儿？是否是由佩服而后亲、而后信？"

处于不同阶段的学生，他们的需求是不同的，教师需要考虑到学生的不同需求，才能真正做到让学生"亲其师而信其道"。此外，"亲其师信其道"之中的"道"，不只是教师所宣传的道理，也包括教师的行为方式、教师本人的一言一行。它体现为学生对教师所宣传的价值观的遵从和认同。同时，我们需要追问学生信教师的什么"道"，是书本上的"道"还是真实社会中的"道"，是主流社会的"道"，还是青少年自身践行的"道"？这需要评价"道"本身是否合理，确定"道"的形式是否容易让学生接纳等。更为复杂的是，学生的"亲"与"信"也可能表现为不同的程度和方式。

例如，现实教育中就存在学生"亲其师不信其道"的现象。目前，因社会环境和家庭环境的变化，导致青少年的学习出现了许多新问题，有些学生非常喜欢某位老师，但是只要教师和他谈学习，就顾左右而言他，这就是亲和信的分离。初一年级学生有时会与教师很亲近，但当教师对他们提出规则要求，要求其按时作息时，小孩子有可能有意疏远教师。梁学军认为："教师需要分清学生亲的内容是什么，有的学生特别是小学生觉得教师对他好，与教师交往的时候比较放松，他就亲教师。教师给他糖吃他就说你好，让他做作业他就说你不好，不和教师亲。亲的背后有一种价值取向，亲的原因不一样所包含的内容并不相同，行为表现也不同。教师需要判断学生跟自己好、和自己亲是由于佩服自己学术好、教学水平高，还是喜欢自己比较宽容他们。"小学生和初中学生并不一样，小学生通常会把他对父母的情感转化到老师身上，其亲和信有些类似于"有奶就是娘"。

高中学生一般佩服的是教师教学方面的能力，如果教师教学不过关就站不住脚，学生会疏远教师、应付教师。这是高中的"道"，学生是因"道"而亲教师。初中学生实际上是介于小学跟高中之间，初中教师如果想让学生亲自己，有些时候又需要另外一种"道"。初中教师对学生需要严格要求，而学生对教师的认同，一半是出于感情，一半是源自教师的教育教学艺术。不过，从初一到初三学生的认同会逐步发生变化。例如，初一时学生可能会说这老师挺好的，他或她经常夸自己。如果老师教学不过关，初三的学生会说这位老师态度挺好，就是能力差点；那位老师虽然脾气差点，但是他有真本事，讲课认真负责，非常精彩！事实上，随着学生认识能力的变化，其内心对于老师的价值标准也在不断地变化。梁学军总是根据不同阶段学生的情况，甚至不同学生之间存在的需求差异，从初一、初二到初三不断针对变化着的学生主动变换自身的行动策略，引导学生建立积极向上的亲和信。

梁学军指出："每一阶段学生对教师都会有自己的评价，他们会根据自己的评价采取亲和信的行动。总体上看，学生随着年龄增加，对教师教育教学水平上的要求会越来越高，教师讲课水平、自身的能力、影响力会越来越重要，尽管'情'仍是一个重要方面，但是'能'也成为是一个重要方面，学生会用德、能、情等更全面的标准衡量教师，甚至根据情境需要有选择地变换亲师信道的标准。"

在行政管理中，我们评价一个人经常从德、能、勤、绩四个方面入手。事实上，学生也是这样评价教师的。一般而言，学生对教师的评价，德、能方面的内容多一些。但从小学到高中，学生的评价存在一定的年龄段差异，小学生认可的事，移到高中再做一定会出现问题；对高中生用的策略反过来也不一定适应小学生，两者亲师的内容和信师的标准已经不一样。教师需要考虑学生的需求，建立合适的师生互信互亲的关系。师生关系是学生在学校学习期间非常重要的关系，它考验教师拿怎样的人格魅力，或者展现怎样的教学风采来跟学生建立关系，影响着学生的长远发展。

### 4. 直面学生对教师的"挑"，在认可中树立威信

现在的学生对教师的要求比以前要高一些，或者说对教师比较挑剔。用一些教师的话说，老师这一差事能力强的人不爱干，能力弱的人干不了。教师经常被夹在学生、家长和教育主管部门之间。如果教师没有能力"镇"住学生，工作起来阻力就会非常大。教师接受一个新的班级，最初很有可能出现部分学生不听话甚至对着干的情况，尤其是在前半年，这需要教师通过各种方式尽快树立威信。

1992 年，梁学军刚开始带高一的时候，他们班有十几个体育特长生，不大好管理。梁学军坚持从常规教学开始，经过一段时间磨合，这些学生开始认可他，他们比较了现在的梁学军与以前初中教师的不同，觉得这个老师挺好，讲课有一套，教学管理水平都挺高。

在初步认可的基础上，梁学军开始抓学生日常教育教学行为规范。在学生管理方面，学生会参照自己的标准来评价他们的教师。学生很在意教师的人品，这是评价一位教师也是评价一个人最基本、最重要的因素。一名学生、一个班级要从内心接受、认可教师对他们的管理需要一段时间，这不是一天两天就能够实现，往往需要几个月的时间。即使师生有了深入交流，一些行为习惯不好的学生还有可能出现反复。

梁学军总结多年经验认为："中学生对教师的看法取决于教学和管理两个方面。教师留给学生的第一印象非常关键，学生对教师形成印象不只是凭长相，更凭教师的能力、素质。入学第一周，学生对教师做出的评价非常重要，教师需要努力获得学生的认可。如果教师第一

星期、第一个月还没有得到学生的认可，以后再想要弥补回来就非常困难了。教师一旦被学生认可，学生尤其是高中的学生会在心里佩服教师，心服口就服了，学生会由内到外地服气，会心悦诚服地配合教师工作。"

### 5. 学生像河水，需要规范和引导

教师管理学生就好像治理河水，学生就像河道里的水流一样，如果哪里跑水哪里堵，或者无休止地加固大坝，总有一天会"坝毁人亡"。人不能违背自然规律，只可以顺应自然。学生有自然的天性，教师管理学生需要顺应这种自然天性，因势利导，切不可四处堵塞，特别是要给学生留出必要的"出口"。

有老师说，现在教育学生，有的时候不只是斗智力，还要拼体力。但是斗智斗勇只是些技巧性的管理，是低层次的处理方式。梁学军认为，教师需要从内心去管，往好的方向引导学生，促使学生从内心认可教师的管理内容和方式。在管理学生过程中，应该有些惩戒，但惩戒只是手段绝不能是目的。在谈论疏导问题上，梁学军经常给其他教师打比喻："学生一般都有100多斤重，想让他们改变当然不容易，一个人搬一块100多斤的石头都很费力，何况有思想的学生！不过该规范学生的还需要严格规范，尽管他们当时会有一些反感，甚至抵触。学生都有长大的时候，等到他们三四十岁的时候，他们会对教师先前对他们的行为有一个公正的评价，他会明白并牢记教师的良苦用心。教师需要宽广的胸怀，有期待的情怀。"

教师发脾气是规范引导学生的一种方式。教师管理学生会遇到各种难以预料的问题，教师发脾气是可以理解的，严厉一些也很正常，但是不能经常发脾气，不能把发脾气当成目的，当成最终手段。该发的发，该止的止，需要适度。一个班级如果没有一些来自外部的外在激励或刺激也不行，教师偶尔发一点脾气，学生会觉得老师动怒了、生气了，对一些基本要求会更重视。不过教师自己要有分寸，可以把发脾气当成一种管理过程中的必要手段，但是不能总是发脾气。有的时候学生惰性特别强，教师收作业收不上来，学生以这种理由、那种

理由推托，梁学军认为，这时候教师可以"假装"发脾气，这样对他们会有一些触动。

### 6. 引导学生将外部管理内化为自觉意识

梁学军认为，外化是一种层次，内化则是一种境界。无论是短期的管理还是长期的发展，都需要沿着外化到内化的数轴方向发展，这样做，管理才能越来越顺畅，在学校实际工作中，有些教师经历了由静到乱的过程，有的教师则经历了由乱到治的过程，这其中，能否将规则内化起着决定性作用。英国教育家斯宾塞在《教育论》中提醒教育工作者要牢记：教育目的是要培养一个能够自治的人，而不是一个要别人来管理的人。

现在的学生特别是成长起来的中学生有自己的想法，总希望跟大人不一样，尽管这些想法还不能叫作思想，但毕竟这是从他们自己头脑中产生出来的。教师在对他们提要求的时候，如果要求与他们自己的想法不一致，中学生可能不听教师的，甚至会引发他们的反抗。梁学军在班级管理中始终坚持通过规范和引导将外在的约束最终转变为学生自觉的意识。管理需要外在的制度约束，但更需要内在的自觉意识，才能真的发挥作用。学生毕竟年龄小、自控能力相对较差，必须有指令性的、刚性的规章制度，不能全部是无原则的自由民主。但随着年龄增大，教师在管理他们的过程中需要做策略性转变，必须为学生考虑长远一些，争取他们对规则、要求发自内心的认同。

## 五、积极师生关系的建构与延续

不同时代的师生关系不尽相同，梁学军的师德具体体现在他与学生的对话以及对公平的坚守和学生成长的真切期待中。

### 1. 善待学生与期待学生

教育心理学中有一个皮格马利翁效应，它说的是积极的期待可以引发理想的结果。教师应当如何对待学生，是建构积极师生关系过程中一个重要的话题，对此，梁学军认为第一得善待学生，第二要期待学生，教师对学生特别是成绩不好的学生要怀着一种期待的心理。善待是一种态度，对孩子要宽容，不管他是否做错了事。梁学军说："刚担任年级主任的时候，有时候我也挺烦恼的，我负责的年级里总发生这样那样的事情，后来就主动找经常出问题的学生了解情况。有个经常犯错误的学生家里父母离异，谁都不想要他，学生心里烦。一次，学校举行班级篮球比赛，他是班级主力队员，但是因为心里烦不想参加，班主任劝他也不听。"梁学军找到他后告诉他："你是集体中的一名成员，家里的事、父母的事情许多时候作为子女可能管不了，但是自己要处理好自己的事情。以前有一位同学和你情况类似，他的父亲和母亲关系不好，他就只好跟奶奶一起生活，但是他能很好地处理这种关系，并迅速从这种环境中解脱出来，这使得他的学习没有受多大干扰。只是自己烦并不能解决你家里的问题，还会给你在学校带来新问题！你篮球打得很棒，可要是到关键时刻你不给班级出力大家会怎么看你呢？这可是个证明自己、给班级做贡献的机会啊！"这名学生最后听从建议参加了篮球比赛，之后，梁学军又经常找机会跟他谈生活和学习，这名学生也渐渐走出了这段困难的日子。

　　梁学军认为，每个年级里面总会有一些需要特殊关注的学生，这些学生因为学习成绩差，往往比较自卑，但同时自尊心又很强，特别在意在全班、全年级特别是异性面前的表现。对那些在体育方面有特长的男生来说，他们非常在意每年一次的运动会，那是他们可以大显身手的时刻。每当他们比赛时，全体学生都会为他们鼓掌加油，让他们感觉到自己真正地成为赛场的主角，他们也能为班级争光。教师必须要深入了解这些学生的情况，关心这些学生，让他们也能充分发挥自己的才能，充分展示自己的长处。梁学军说："家庭的不和谐会给一些未成年的学生心灵造成很大创伤。家庭、社会、学校是他们生活的三个板块，一旦学校再给他们冷遇，就会把他们推向社会某一偏远而冷漠的角落之中，甚至造成无可挽回的结局。因此，对这样的学生教师要多给一些温暖、多一些善心，同时也像期待别的孩子一样期待他们。作为教师应该相信教育的力量，教师今天的苦口婆心，可能会挽救一个孩子，成就一个幸福的家庭。"

## 2. 深度对话，听与说的力量

教师需要一种倾听的艺术，教师真诚的倾听，发自内心的理解和尊重是学生积极改变的开始。因为此时的学生特别是那些以前很少被关注的学生会重新发现并重新认识自己，进而改变以前比较低的自我预期，形成积极的自我预期。

班主任的"说"需要一种艺术。新班级的学生对教师都会持观望态度，教师需要先让他们展现自己对于自己和班级的预期。梁学军开第一次班会，内容只有两个方面，一是他的就职宣讲，二是共同商讨班规。他明确告诉全班学生，班规是未来几年的基本规范，将影响全班学生未来的生活与学习。梁学军通常先做一个自我告白："我接手我们这个班级之后，非常有信心把班级带好，我可以发挥我的经验，可以管好我们班。我相信每位同学都希望我们班级一天比一天好，不过，好班级需要一些基本规范，凡是集体就有约束。"他也不多说话，然后引导全班同学讨论确定班级基本规范。有形的"放"就相当于无形的"说"，管理学生需要唤起学生自主意识，从他们的内心开始。教师需要有计划、有步骤地培养学生的良好习惯，从行为到习惯稳步推进学生对规范的认同，形成一种班级共识，在这个过程当中再逐步把整个班级往学习上引导。在这一过程中，如果有部分学生跟不上其他同学，就需要教师再抽时间约这些学生一个个地谈心交流。

找学生谈话也要注意细节处理。教师若是每次要么找纪律不好的学生，要么找学习跟不上的学生，这样就会给所有学生一种暗示：凡是被老师找去谈话的同学都是有问题的，老师是要批评教育他们，其他同学就会嘲笑这些学生。为了避免这种负面影响可能给学生带来不必要的麻烦，梁学军在全班所有学生中进行交叉谈话，随机进行，有时候找一个学习好的，有时候找一个学习处于中间的，有时候找一个学习成绩较差的。或者就按花名册顺次找学生谈话，这样一来，学生也就不再认为老师找自己谈话就意味着自己犯错误了。

刚开始谈话时梁学军更多的是听学生说他们的故事，无论是家庭的还是学校的，逐步才将谈话的主题过渡到其对现在这个班的认识上，在此过程中，梁学军注意虚心听取学生的一些意见。每个人都希望自己的话、自己的意见能够得到足够的重视。学生的意见被教师采纳的时候学生非常高兴，学生会觉得自己是能够对班级有所贡献的、是有地位的，有地位就要负责任，负责任就要有行动，有行动就要约束自己。学生觉得在集体中有归属感，受人重视，作为集体的一分子，需要对集体负责，一般都会自觉遵守学校和班级的规章制度，也就不捣乱了。如果学生再犯错误，事后即使教师批评严厉一些，他也不会再有太多辩解，他能听得进去。

### 3. 在信件中解除困扰和包袱

梁学军一直保存着学生的来信，这些信尽管有些内容相对简单，大都反映了学生身边的事情，有些甚至很琐碎，可是他对每封信都非常珍视。学生也喜欢和梁学军用这种方式交流，学生有什么事总爱给他写信征求他的意见。"到新环境不适应怎么办？"、"学习跟不上怎么办？"……梁学军每次总是耐心地帮他们分析并出主意。有些学生后来读了大学，出了国，还是经常和他通信，交流自己的事业、学习情况，甚至自己的恋爱、家庭近况等。

#### 一封学生来信

梁老师您好！近来都好吧！现在非常想念您，也非常想念三中。上高中时，相比较来说，我最喜欢您所授的物理，现在读大学，专业课没有物理，很遗憾。

上高中时，我没少惹您生气，也没少犯浑，但是您一直对我那么好！现在想起来心里挺不好受的，对不起老师！要不是您的劝阻和帮助，我早退学卖苦力去了。记得您当时对我说，"你现在不上学容易，可等你上班后再想上学就难了。再坚持一年就毕业了，你还是念完再说。你有一定学习基础的，到时如果真的考不上大学，我可以帮你找一份工作"。多亏听了您的建议，要不然很

153

可能再也上不了大学了。我会珍惜得来不易的上大学的机会，好好学习。假期我会去看您，您多保重！

这封来信出自一位以前经常违反纪律的学生之手。对于这类学生，梁学军始终保持一贯的宽容和理解。尽管班级中绝大多数学生都挺好的，但是，也有少数学生会犯比较严重的错误。在他做高中班主任时，班里有个学生因为严重违反学校纪律被劝退转学了。这个学生到其他学校之后，给梁学军写信，说班级聚会的时候一定要来，那之后他还给梁学军写过两三封信。有一次班级聚会的时候，他也去了，梁学军没提以前的事，他自己提了："当时自己不懂事，给班级造成不好的影响，现在想起来很后悔，第一我对不起这个班，第二对不起您，第三对不起我自己。"梁学军安慰他说没有关系，都过去了，之后，梁学军又专门写信和他交流。"有些学生的心结需要教师给化解过去，否则学生会始终带着一种自责的心理看自己的中学生活，中学生活只是人生的一个阶段，教师能够做的就是给他们多提供动力，而不是增加学生未来生活的包袱。"

### 4. 关爱学生，不抛弃，不放弃

90年代初，在梁学军接手的一个班里，有一名女学生学习成绩不错，文艺、体育各方面也都很优秀，但是因为青春期情感波动，与一位比较调皮的男同学之间关系过于亲密，给班级带来一些负面影响，结果被学校行政部门知道了，建议他们退学。家长来学校之后，也没有过多说什么，就把她接回家联系其他学校去了。

事情过去一个多月之后，有一天梁学军骑车走在街上，忽然隐约听到有一个声音在喊他，他下车回头一看，原来就是那名女学生。她一身礼仪工装，面部虽然做了一些化妆，但脸上的气色却不是太好。梁学军见状，并未过多询问，而只是问她为什么在这里、去哪所学校了。

她顿时眼泪就流下来了，"老师，我现在过得很不好，在附近一家宾馆做服务员，您还好吧？"

梁学军说："你怎么不去上学呢？这是一辈子的事情。"

她说："我联系了几所学校都没有成功，现在只好就先这样。"

梁学军说："你先不用急，我去其他学校问问。"说完梁学军就回去了。过了几天，梁学军找到这名女学生，告诉她自己为她联系到了一所很不错的学校，让她第二天就去上课。她不知道，事实上，梁学军私下联系了好几所学校，有关老师都表示出为难情绪，最后他请同学出面帮忙才落实下来。第二天上学前，家长带这名女学生路过梁学军这里，对梁学军表示了深深的感谢。交谈中，梁学军得知他们还没有筹集好借读的费用，他马上骑车出去，不一会取来两千元现金塞到家长手里，告诉他们先让孩子去上学。两年以后，这名学生考入了一所很好的大学，专业也不错。

还有一位男生，家里的经济条件不太好，父亲常年有病，家里又有三个孩子，一家五口都依靠她母亲撑着，母亲是一个聪明、贤惠、要强能干的人。但这名学生有时却不那么争气，他"常立志"但"立不长"。梁学军经常给他做工作，有时候他也会被感动，哭得稀里哗啦，可过后，又恢复原状。有一次，这位男生竟一个星期也不见踪影，梁学军带学生四处寻找他，最后找回来的时候，浑身上下没有学生的模样，一问才知道，他居然和几个社会上的小青年给别人做"保镖"去了。如果不是梁学军看得紧，经常把他叫到办公室谈心，花无数的时间开导他，说不定这名学生会闹出一些事来。由于梁学军经常找他做工作，不厌其烦地说了三年，一点点把他的心收回来，收回学校，收进课堂，此后他学习上进步很大，最终考入了一所大学，可以说是梁学军改变了他的一生。

结合当时处理的方式，梁学军认为，面对这样的学生，处理发生在他们身上的事情，学校、班主任一定要慎重，只要没有违反法律，能帮助他们化解的要尽力去化解，任何人都是从年轻时过来的，都有可能犯这样那样的错误，作为教育者需要理解、宽容这样的学生。

### 5. 公平但严格地对待所有学生

每个学生都有自己的故事，但是并不是每个老师都乐意倾听学生的故事，有些老师只关注学生的成绩。梁学军的班级从不以成绩区分

155

学生，不以学习成绩论高低。对那些学习好的学生，梁学军并不会特别偏爱，在他看来，"一些学生在学校学习成绩好，是应该的，因为他们智力较好，学习成绩一定得好，要不然对不起他们的智力"。有一位男生，梁学军经常找他谈心，这位学生在同学中挺讲义气，但是从初中开始一些老师都看不起他，在他身上好像一直有一种逆反心理，跟别的老师总是格格不入，但他对梁学军比较顺从，认为梁老师从不歧视他，很公平。

毕业了的学生私下告诉梁学军，说他以前带班的风格一是严，二是公平。有个学生说："过去我恨你，管我们管得太严了，但是我现在不恨了。""为什么管得这么严？"许多学生对严格的老师总会有类似的抱怨。梁学军经常和同事说："宁可今天让学生骂，绝不能未来让学生恨！教师管学生，尽管当时他可能不理解，抱怨教师。管理学生被学生反感是很正常的事，凡是管理总会有约束，而人的天性是喜欢无拘无束的，一旦有约束，就有人会反感，不过等他长大了就会回过味来，知道当初自己错了。如果学生一直不给教师写信，不联系教师，很可能还是在恨教师呢。"

### 6. 以生为镜：坚守教师的底线

梁学军做班主任期间，班里有个女学生有一次当面"冒犯"梁学军，梁学军以他的宽容和期待引导她一路走上教育事业，她现在办一所民办学校，规模还挺大。梁学军很多做法在影响着她现在的管理和教学。

这位女学生创办学校以后，发起好几名同学一起请梁学军吃饭，还送给梁学军一套书。她觉得高一的时候，自己做得不好，心里一直过意不去。其实，事情已经过去好多年，梁学军已经记不太清楚。但是这件事情在这个学生心里一直打着结。"你要是不去的话，我心里面总觉得留下一件放不下的事儿。"梁学军就去了，师生在一起聊得很开心。

据这位女生的同班同学回忆，"高一时，她会考不及格，面临着不能毕业的问题，她心里不舒服，梁老师当时让她带操，她就是不去"。

许多年后，这位女生开始反思自己当时的行为，觉得心里有个疙瘩一直堵着，就积极和梁学军沟通交流。

梁学军在教学中时刻提醒自己，学生总有一天会回过头来看老师。教了许多年书后，看到现在已经30多岁的学生，梁学军不由反思一些自己曾经做过的事情，反思以前究竟做得对还是不对，合适还是不合适。"刚担任班主任时，自己还年轻，没有多少经验。虽然也认真思考一些教书育人的问题，并拿自己与自己尊敬的老师做对比，希望能够有所借鉴，但实际工作中难免会出错。教育行业特殊，老师最需要从学生长远发展出发考虑问题。如果不当老师，干别的行业，到企业干工作，那是另外一回事。任何家长送孩子到学校读书，都希望教师认真负责，为自己的孩子的长远发展考虑，我们需要换位去思考我们的学生和学生家长。"

教师和学校需要从学生利益出发，承担不容逃避的责任，否则就丧失了教育的根本。例如，一些学校害怕毕业前学生思想波动大，容易闹出问题，就提前给学生放假，对此，梁学军明确表示反对。他认为："这样做是不应该的，也没有必要，学生应该住校的就让他们住校，有些学生的家不在学校附近，甚至离学校好几十里，放假回家，他们中考时路上耽误了怎么办？晕车怎么办？如果自己是学生家长，自己的孩子要坐车到几十里地之外去考试，心里肯定不舒服。"

对于社会上出现的极少数教师本来应该上课讲的内容不在课堂上讲，却要求学生补课，梁学军特别愤慨，"教育是一项良心事业，真要挣钱，可以从事商业，教师基本的准则必须得坚守，那是身为人师的底线"。

在梁学军看来，自己只是一位普通的中学教师，没有做过什么轰轰烈烈的大事，日常处理的都是一些琐碎的小事。但是，梁学军坚信，尽管这些事情琐碎却非常重要，因为这些关系到学生的健康发展。作为一名物理老师，不是说教物理只关注学生物理成绩，只教书本上的那些知识。教师需要在学生发展上发挥作用，从能力上、思想上方方面面去影响学生，帮助学生培养其正确的人生观和价值观。

### 7. 一辈子的师友

学生段长鹏读书期间经常向梁学军求教，尽管高二文科、理科分班以后，他不在梁学军所教的班级，梁学军对他仍平等对待，跟朋友似的，还帮助他补习功课。大学毕业以后，他仍然经常跟梁学军交流学习，每年他们班同学都会自发组织起来去看望梁学军。

段长鹏大学毕业分配工作时，因为梁学军在八中任教，他非常想到顺义八中和梁学军一起工作，最后因为种种原因没能实现，被分配到了顺义三中，两所学校距离很近，工作以后只要有什么困惑他就去请教梁学军。他说："梁老师对我各方面都指导，如果说我现在做出了一点成绩，那有一半都是他的功劳，我觉得我身上可能有他的影子。他给我们印象最深的是他的为人处世，他学习的态度。他做事的方式、处世的态度对我影响很大。在我日常教学工作以及学校美术组管理工作中，我借鉴了很多他的做法，有困惑我就去听取他的意见。比如学校组织评优课，这样的机会我基本让给别人，我也愿意去做导演。我相信梁老师说的话：'教师没有一定奉献精神的话，从事教书育人的职业也就没有什么意义了。'"

回忆和梁学军过去二十多年的交往历程，段长鹏特别有感触。他说："我和梁老师什么都交流，从学业到事业、从家庭到社会、从绘画到出书，工作上的、事业发展方面的，甚至生活中很私人的事情都会讨论到，有时一聊天就是半天。最早，我是学生，主要是我向他求教学习方面的事情，大学毕业之后更多讨论的是学校的事情、教育教学方面以及我个人职业发展方面的事情。工作相对轻闲的时候，我们就海阔天空什么都谈，有的时候工作比较忙，我们见面稍微少一点，偶尔打电话，主要讨论遇到的具体问题。但只要我有困惑，他总会挤时间和我交流。最近我们主要讨论教学科研方面的事情，他非常擅长搞科研，我现在对这方面也越来越感兴趣。在我申报区级课题的过程中，起先我自己不大懂、心里没底，便向他请教。他很有见地，给我出了很多好主意，从开题到最后都是他给我做指导，后来课题顺利地申请了下来。可以说，我跟梁老师的关系首先是朋友关系，然后是师生关系、父子关系包括兄弟关系，好像很复杂但也很简单，就是互相尊重、相互信任。所以这么多年，感情一直都非常好。"

### 8. 师生聚会，友情延伸

梁学军带过最早的一批学生现在都已三十七八岁了，都有了自己的家庭、事业。生活稳定之后，他们开始怀念起以前的高中生活，于是就萌发了聚会的想法。他们每隔两年在教师节前夕都要举行一次聚会。第一次聚会前，他们征求梁学军的意见，梁学军告诉他们不要草率操作。"可以好好设计一下，特别是第一次聚会，如果做得不好会扫大家的兴，以后就组织不起来活动了。同时，要选个有意义的日子，既然是 1994 年毕业的，可以选 9 月份第 4 周的周末，这时天也凉爽，大家也有时间，同时告诉他们，同学见面要三不谈：第一不谈职位，第二不谈家庭，第三不谈收入，就谈过去，就谈开心的事情。"大家欣然同意了。

聚会时，师生畅谈之中，偶尔有些学生会提起以前干的蠢事并心怀愧意，向梁学军道歉。他告诉这些学生自己早把一些事情忘了，聚会结束时大家意犹未尽，约定以后再聚。2009 年聚会时，他们送给梁学军一件乐器——笛子。让他在工作之余放松一下心情。现在这只笛子就放在梁学军办公室的书柜中，每当闲下来的时候，梁学军会吹一支曲子，回忆那些淘气的男生、女生们。

## 六、班级管理中的道德熏陶

公平是教育管理的基点，朱镕基总理曾经先后多次推荐西安碑林上刻录的一则明代官箴："吏不畏吾严而畏吾廉，民不服吾能而服吾公；廉则吏不敢慢，公则民不敢欺；公生明，廉生威。"从中我们可以看出"公"之价值。梁学军把这段话写在自己摘抄本的首页上，并运用到学生管理中。无论是课堂教学还是组织学生活动，他都力求"公平、公正、公开"。教师对学生的道德教育可以通过教师本人的榜样作

159

用以及自己的"训育"来实现，但更多的需要通过班集体来实现。良好班风的形成过程本身就能够对学生进行道德熏陶，当然，在这一过程中，教师需要掌握放手与介入的时机，在做好日常规范的同时体现出艺术性，因为道德熏陶总是伴随着审美诉求。

## 1. 让人羡慕的班级

如果班委会本身各方面都优秀，班级就一定会有生气。梁学军所带班级的班委会成员工作能力都非常强，各有特色。宣传委员画画画得非常好，所以班里的宣传是全校做得最好的。当时，学校有一份校报，班上的同学经常投稿并且经常被录用。其他如纪律卫生、体育运动方面的表现也是全校最好的。

由于班委会成员"各显其能，各显神通"，并且能够发动起每个同学，所以同学们都踊跃参与到班级活动里去。当然，梁学军也非常配合他们工作，积极参与班级各项活动。整个年级梁学军所带的班是最积极的，其他班级都很羡慕梁学军的班级。

90 年代初，升学读高中不是主流趋势。因为读中专能够转户口，农村学生都想考中专，考不上中专就读重点中学，重点中学考不上，才考虑读顺义三中这所普通中学。所以高中学生生源质量一般，学生能够坚持从高一念到高三的很少。随着时间推移，许多学生会选择辍学不念书。当时的顺义三中每年没有几个学生能够考上大学，所以很多学生一上高中就开始自暴自弃，觉得自己没有什么希望，如果家里有门路能找到一份工作就走了。所以，那时候的顺义三中每个学期都有辍学的学生，尤其是高一结束后每个班都有辍学的。但是梁学军的班级辍学的学生却很少。为什么呢？班上的学生后来回忆说："梁老师对我们每位同学都非常平等，从不歧视我们，而且他有魅力，我们都舍不得离开他。"

## 2. 介入与放手：潜移默化中影响学生

梁学军担任班主任的时候，经常协助班委会一起策划一些宣传活动，有些活动他本人也积极参加，这自然对学生有带动作用。同时，他还创造机会让学生动手、动脑，鼓励他们放开手去尝试新鲜事物，全面培养学生的素质。班级出板报梁学军极少参与，包括运动会运动员入场策划都由班委会同学负责。教师放手让学生做，尽管可能会走一些弯路，但是对学生能力的培养非常有帮助。学生段长鹏回忆说："那时候我到我们班只要开联欢会、开班会，写稿的人一定是我。当时，觉得没什么，现在回过头看这些锻炼培养了我不少能力。"

梁学军从教 24 年，期间做班主任工作 5 年。在工作中，梁学军深刻地认识到教学和管理都需要遵循学生的心理规律，他探索出管理初中学生的有效途径，坚持"在勤奋中不失方法，在工作中不忘学习，在规范中牢记灵活，在长远中着眼全局"的工作原则。同时，他还总结出了班级管理的"三抓、两放、五个一"的有效方法："三抓"即"初一抓养成习惯，初二抓两极分化，初三抓人生观教育"；"两放"即"放眼学生的未来，放手培养干部"；"五个一"即"准备好第一次讲话，上好第一次课，选好第一批干部，开好第一次主题班会，开好第一次运动会"。

### 3. 夕歌：年级的级歌

"光阴似流水，不一会，课毕放学回。我们仔细想一会，今天功课明白未？老师讲的话，可曾有违背？父母望儿归，我们一路莫徘徊。将来治国平天下，全靠吾辈。大家努力啊，同学们，明天再会！将来治国平天下，全靠吾辈。大家努力啊，同学们，明天再会！"这一首清新质朴又满含深情，殷殷劝学又亲切励志的歌，每每在北京市顺义区第八中学的教室里响起，总会给人以求知的力量、学习的动力！梁学军很喜欢这首班歌，所以每迎来新一届学生时，他总会和新生们一起学唱，在歌声中思考现在、畅想未来！

梁学军 2008 年去扬州学习的时候，参观了扬州东关小学。这所学校的校歌叫《夕歌》，梁学军当时听了这首《夕歌》之后，感觉这首歌曲虽然简单，但歌词朗朗上口，气魄宏大，没有机械的说教，内容却积极向上。回来后，梁学军把这首歌印发给全年级学生并发布在网上，要求各班都学唱这首歌。连续唱了几周，很多班都学会了。以后，每次学校组织大型集会，大家就合唱这首歌。现在这首歌已经成为梁学军所在年级的级歌。因为这首歌的歌词简洁，曲调优美、不是空喊口号，内容贴近学生生活，有人情味，听起来让人觉得很轻松、亲切，因此学生非常喜欢。

梁学军所在的年级，每天早晨唱一首《校园的早晨》，晚上唱一首《夕歌》，其他年级的学生说，这样唱两三年，也许这个年级的成绩可能不是历届学生中最好的，但学校留给学生的印象一定是最好的。因为每天耳濡目染这样的校园文化氛围，每个学生都懂得了歌词的含义。若干年后，当大家走出校门、远离了校园之后，每当唱起歌曲，依然能够唤起同学们对以前的校园生活、对以前的班级生活的美好记忆。

### 4. 开展值得记忆的活动

因为片面强调应试以及担心组织学生外出活动出现意外，现在许多学校都在组织学生活动方面采取不作为的态度。梁学军则特别注重组织学生活动，他认为学校多组织活动，有助于丰富学生的生活，培养能力，还能增加学生对学校积极的印象。

班主任对班级的设计和规划，需要通过组织有效的活动才能将设想的美好蓝图变为现实。班主任需要结合学校情况、学生情况给学生适度而合理地组织一些群体性活动，梁学军所负责的年级每学期组织一两次篮球比赛。为加强师生之间的交流，到初二的时候他还挑选一些学生跟教师打比赛。在梁学军看来，比赛一方面可以让学生通过活动释放一下，另一方面，还可以加强同学之间、师生之间的交流。学习需要劳逸结合，组织一些健康的体育活动对学习也有好处。而且，学生在文艺、体育方面学习到的一些知识对其将来走向社会，走向工作岗位也是有帮助的，会成为他未来美好记忆的一部分。学生在学习期间如果学校给他们提供的环境、经验不同，学生解决问题、处理事务的思维方式也会有差异。参加活动有助于培养学生的全面素质，也影响到学生的未来。

有的教师担心参加课外活动会耽误学生学习，实际上，如果学生每天都机械地把所有时间用在学习上，反而容易身心疲惫，学习的效率往往很低。不单是学生，任何人都不喜欢这种单一、刻板的生活。学生成绩好不仅仅需要用心听课和勤于练习，还需要参加必要的课外活动，教师不能只看到课外活动占用了一定的时间，还要从整体上考虑学习效果。在梁学军看来，人的精力不能都用在学习上，如果对学生的精力从时间上做个规划，最多可以把70%的时间用在学习上，剩下的30%应安排一些活动。这不仅可以促进学习，也有利于学校班级管理。

## 小结

有一种说法，做老师之前得先学会做人。教师需要用他积极的方面去感染别人、影响学生。以身作则、为人师表，是教师职业道德的重要内容，也是教育的基本原则。教师需要通过自己精心而真诚的言行获得学生的信任，这种发自学生内心的信任绝不是教师单凭权威可以获得的。传统的师生关系更多是单向的管理、督促关系，很容易压抑学生的自主性，造成师生对抗。"活教育"的课堂能否容纳学生的自主？教师和学生之间的关系到底是一起进行知识探险的伙伴，是一起寻找真理的挚友，还是监管与被监管的关系？梁学军认为："教师在自己的教育教学中对于自己的角色需要一个明确的定位，建立积极的、双向而平等的师生关系。"在与学生的关系中，教师需要多采取换位思考，站在家长和社会的立场，从促进学生发展角度考虑问题、解决问题。

在教师的日常教学中，经常出现辛苦而"委屈"的教师和"不领情"的学生。为改变这种状况，教师首先需要自己理解自己，理解自己每天日复一日的工作。如果教师自身对自己所从事的工作没有激情、没有期待，教师将失去理解自身、建构理想职业身份的基石，作为现代教师终究需要通过职业和工作确定自己的价值和意义。但是问题在于，自从学校实施制度化教育之后，在考试的催化下，教育渐渐远离实践，远离生活，似乎一切工作都只能围绕功利化的考试。应试化的

163

教师职业和教学工作越来越脱离人本身的内在追求，也偏离了人的本性，而这正是梁学军一直努力面对并积极尝试解决的问题。他认为："选择了一种职业就是选择了一种生活方式。既然选择做教师，说太多的抱怨的话并没有多少作用，抱怨'挣钱少，干活累'可以理解，但是作为教师其基本职责是教书育人，教师需要怀着积极的心态处理学科教学中的问题，处理学生出现的各种问题。"

在梁学军看来，理解并尊重学生身上因环境不同、经历不同造成的个体性差异，是师德的基本要求。生活复杂而丰富，学生是鲜活的生命个体，不是被动的知识容器，教师不只需要传授学生知识，更要启迪学生适应生活、发展进取的智慧。教师师德的大厦需要建立在师生良好关系的地基上，需要通过日复一日平凡但有坚持的教育教学来展开并最终实现。

# 影响力：
## 指导别人是一种责任

作为社会的一分子，每个人都无时无刻不在影响着别人，同时也受着别人的影响。教师也不例外，教师与他人的互动过程，也是对他人产生影响的过程。二十多年的教育教学生涯里，梁学军在送走大批学生的同时，还带出一批中青年教师，其中一些教师已经成为顺义区甚至北京市非常优秀的教师，曾和梁学军一起同台领奖。梁学军在教书育人过程中也获得了众多的荣誉称号：两次被评为顺义区"先进教育工作者"、两次被评为顺义区"优秀班主任"。但这只是属于他个人的，他更在意自己对物理教学做出了什么贡献，对顺义、北京乃至全国的物理教学做出了什么贡献。

梁学军经常参加顺义区的物理教育科研活动，其他学校的物理教师也经常来向他求教。在顺义区物理教学领域，区级以上的物理教研活动一般都有他的身影。北京市的物理评优课、北京市中学物理教师实验技能大赛、物理公开课他也偶尔会参加。他去的时候主要给参赛教师做指导，有时也做评委。梁学军是顺义区物理教学科研活动的专家评委，顺义区物理学科高级教师评审小组组长，北京市基础教育研究中心的兼职教研员。北京市基础教育研究中心经常请他过去帮忙，梁学军差不多每过一个月就要去一次。区以外的比赛，比如在河北省三河市组织的比赛，主办方也经常给梁学军打电话，请梁学军过去做指导。

# 一、指导他人发展，辐射区内外物理教育教学

在其他学校的物理老师看来，梁学军视指导物理教学为自己的一种责任。顺义三中的一位教师说："梁老师很了解并且很愿意培养年轻教师。有些有成就的老师很难接近，他们可能是没有时间也可能是不愿意去培养、指导别人，但是梁老师不一样，他乐于助人、平易近人。顺义区物理科目之外的教师，得到他指导的人也有不少，这些学科老师都一致称赞梁老师的指导。他善于通过不同方式让年轻教师从讨论中产生新想法，提升他们的认识水平。"

1. 初中物理教学的一面旗帜，跨越"围墙"的援手

　　梁学军指导帮助老师超越了学校的界限，带起了一批教师。从北京市来看，他是顺义区物理教学的一面旗帜。正如一位顺义三中的女教师所说："顺义区物理教师，差不多每个老师的思想都受到梁老师的影响。"与一些名师相比，梁老师特别善于帮助后来者。"有的名师自己跑得很远，但是他不往后看。梁老师不是，他不仅往后看，还从后往前拉，所以顺义区涌现一批优秀物理教师，很多物理老师都被他拉上来了。"

　　不管任何时候，只要顺义区其他中学的物理教师参加评优或者竞赛，他们都会请梁学军做指导，因为他能够帮助他们解决设计过程中的困惑，而他也会毫无保留地指导他们。他会帮助参赛教师梳理思路，帮助他们对项目进行整体设计，并在细节上狠抓，对参赛教师的备课一个字一个字地推敲。

　　在物理教学方面，梁学军影响了整个顺义区，推动了顺义区物理教师的发展。顺义三中的张老师说："梁老师除了自己善于创新改革外，还擅长指导我们年轻老师。我认识梁老师已经好几年了，他第一次指导我是 2002 年，那年我参加北京市教师基本功大赛。梁老师在物理教学思想各方面给我很大启发，准确地说不叫启发，基本上是手把手地全面指导。而且这种指导从我第一次和他接触，一直到现在都还延续不断，最近，他在指导我将信息技术跟物理教学进行整合。"

　　顺义三中还有一位教师叫姚芳，她参加区里、市里的比赛，梁学军去指导了好几次。顺义区十中有一个叫崔扬的老师，他参加市里的教学基本功比赛，梁学军也经常指导。顺义八中的果冬梅、邱军老师，顺义三中的张羽燕老师，牛栏山一中的李佳老师在全国物理大赛上都获得了第一名，对这四位老师梁学军都直接参与了指导。其他学校还有几个物理老师，他们的课梁学军也都指导过。

　　前些年，顺义区一部分教师参加北京市实验技能大赛，所做的实验大多是梁学军策划的，教具也有一些是梁学军设计的。近几年，顺义区参加市里或全国物理比赛的老师在比赛前都封闭到宾馆集中培训，

由梁学军辅导一周。

### 2. 指导其他区的老师

梁学军除了指导顺义区的所有参赛选手外，还指导北京市其他区的一些教师，其他区县的一些老师经常慕名请梁学军来提一些指导性意见。近些年，梁学军先后到过西城、昌平、房山、门头沟等区县的一些学校做指导。

房山区有一位姓郭的教师，时常打电话咨询梁学军一些教育教学问题，他一直央求要做梁学军的徒弟，每次见了梁学军就叫他"师傅"。

河北省三河市一位素不相识的老师要参加全国比赛，做课不清楚的时候就给梁学军打电话，他每次都耐心地给予指导。

人大附中的一位年轻教师辗转认识了梁学军，最近一两年她在做课，于是就打电话联系梁学军，请他对她的比赛做一些指导，几乎一两天就会给他打一个电话，咨询遇到的问题，梁学军把自己的资料都发给了她，让她自己先看看，然后又帮助她出谋划策。梁学军非常理解这些想做点儿事的老师，只要有可能就会尽力帮助他们。

## 二、引领教师发展，打造研究型团队

教师的影响力不只局限于教育教学以及他与学生的交往中，更体现在他与同事的互动中，表现在教师在具体情境中的责任承担以及由此带来的广泛社会影响。许多时候，作为教师团队的领导者需要承担多重角色，他既可能是引领者、咨询专家或协同的伙伴，也可能是幕后策划组织的导演。

### 1. 站在教师背后

梁学军性格比较内向，不好张扬，评上特级教师之后更是低调，平时他主要做幕后工作。现在他已经成为许多教师的导师，经常指导一些年轻教师，其他教师在遇到困惑和问题的时候都来找他。对这些年轻教师而言，梁学军是一位德高望重值得信赖的导师。

梁学军做物理组长时，在物理组里面评先进或者做课，梁学军总是会优先考虑别的老师，而不会过多地考虑自己。邱军老师说："他给同事的特别多，思考的也特别远。2002 年，我调动工作来到八中，调来以后我担任班主任工作，他当时是我所在年级的年级主任，我们班遇到困难他都帮着一起想办法解决。2004 年，我参加全国物理教学改革创新大赛，这个机会也是他帮着争取来的，比赛过程中我自己没有付出太多，倒是把梁老师累得够呛。他帮我录完课以后还帮着剪辑，从早晨 8 点一直工作到下午 5 点。保留哪一秒，去掉哪一秒，他按照自己事先就做好的脚本一点一点编辑整理。有时候我有些懒、散，他也会善意地指出我的不足，提醒我是不是该写点论文、看一些书了。"

### 2. 严格要求，收获整体提高

严格的标准并不是每一位教师都能够理解并接受的。有好心的同事提醒梁学军："你太认真了，不能对什么事都认真。"但是梁学军还是坚持自己的严标准。果冬梅老师回忆说："梁老师非常坚持原则，工作上要求非常严格，遇到不对的事情，他不会装圆滑，是一个很真实的人。不过他有些时候说话不太注意方式，脾气上来会直接批评人。有的老师刚开始不了解他，接受不了，说他脾气不好。他是主任，又是特级，可能对别的老师形成无形的压力，但是这是他的性格，他改不了。慢慢地大家都了解到他是真心为大家好，也就理解他了。"

有同事私下提醒梁学军："您得注意一下您的谈话方式。"不过，梁学军认为自己跟人家就是讲道理。他有时生气了自己也不知道，没感觉到自己在生气，而这些都是因为他始终坚持用严格的标准要求教师。

梁学军不只是对其他教师严格要求，他对自己要求更高，他始终坚持要求别人做到的自己先做到，尽管有的时候他心里也清楚，并不是每个教师都希望达到高标准，不是所有教师都能够做到非常优秀，但是作为教师团队的领头人，他必须严格要求团队中的每位教师。他相信："只有严格要求，教师才能不断发展，如果看到教师的问题不指出来，任其发展，不只是不利于教师的未来发展，长远看也会伤害到教师团队，伤害到教育教学。"

在他的严格要求下，八中的物理教学团队已经成为顺义区乃至北京市知名的教学团队，其他学校的物理教师经常过来取经。

### 3. 推其他老师走出去，带动教师团队发展

如果有人问顺义八中的物理教研组和其他学校相比有哪些优势，物理组的教师会说：第一是有领军人物，第二是有钻研精神，第三是有团队协作意识，再者是教研机制成熟。作为一名合格的教研组长，首先心里需要装着其他教师，这是工作的基础也是管理者的职责。梁学军认为做教师就要做优秀教师，否则就会误人子弟，他不只是这样要求自己，也这样要求物理组的其他教师。作为一个集体，要想有高目标的追求，成为一个优秀的团体，就必须以实干为基础，以严格的纪律作为保障，以推出新人作为发展目标。

梁学军做组长，在组织活动时要求严格，要求组员没有特殊情况都要参加科研活动。哪位教师如果晚来了，他马上就打电话，询问原因，如果教师家里真有事不能来，需要向他请假。

在分工协作方面，梁学军坚持"一件事一个人能干我自己去干，需要两个人以上干的大家分工"。八中的物理组人数最多时有 11 位教师，现在有一位老教师已经退休，其他教师都比梁学军小一些。他和这些教师一起一步步明确物理组的发展方向，他将帮助年轻老师成长作为一个重要方面、一个基准。从建校至今，八中物理组其他教师的成长与发展很多有梁学军"推"的痕迹。

作为物理组组长的继任者，在梁学军看来，果冬梅老师很优秀，也做了很多的工作。但是果老师自己觉得，她和梁学军有很大的差距。"我知道差距在什么地方，但是我做不到像梁老师那样，他做组长，有想法，有一个宏观计划，规划物理组经过几年应该发展成什么样，尽管我也有设想，但是这些想法往往并不能落实。他有想法就坚决付出实际行动，有想法就会推着、拉着大家一起做。如果分析原因，一方

面他是一个很有想法的人；另一方面是性格使然，他有一种不达目的不罢休的性格，而且他的性格特别直爽，有什么问题就说出来，然后大家一起解决。"

在接手组长之后，果老师也有一些发展好物理组的设想，但总是难以实现，后来，她就检讨自己为什么没有梁学军做得好。"我希望大家干事互相理解互相支持，互相之间心胸坦荡，有什么问题说出来，比如说学生成绩提升不上去，我们就群策群力一起解决，把学生成绩搞上去，我心目中的理想团体是积极向上的，是完美的，这不太现实，并不是所有人都能够接受。40多岁的中年教师对于个人的职业发展已经没有激情，这是一个现实问题。假如某位教师职称评完了，不期望再在教学方面取得更高的成就，只愿意踏踏实实平平静静地做好常规教学，不想再取得更大发展，工作缺乏热情，教研组组织的活动就很难让他参与进来。很多教师我感觉已经丧失了教学热情。学校每一个教研组都有一个课题，要借助课题推行一些教学改革，课题是以组为单位的，在组织课题活动的时候，大家往往热情不高。我不愿意太逼大家，如果是梁学军，他会说这是集体活动，你必须参加，他会坚持自己的主张和教师较真。我一旦碰到有老师说'有什么用啊？搞这些也提高不了教学成绩'时，我就不好意思再说什么。我希望大家都热情而投入，把教研组的课题当作自己的课题，都自觉地按要求完成自己的任务，开心地分工合作，真正把教研当一回事，这多少有些理想化，后来我发觉做不到。"作为新组长，想做事又很难推进，果老师经常向以前的老组长梁学军诉苦、发牢骚。梁学军每次都耐心地与她一起分解转化，并帮她出谋划策推进教研工作。

邱军是八中物理组的教师，她平日工作勤勤恳恳。有一次参加顺义区评优课比赛，在区里比赛闯关之后就直接去全国参赛了，期间梁学军对她给予了无私的帮助，最后她获得了全国物理教学改革创新大赛一等奖，还被顺义区总工会评选为劳动模范。

梁学军关注教师的实际利益，特别关心学校里一直默默苦干的人，他们平时下大力气，为学校做了不少贡献。但是对于教师，现在教育考评的潜在规矩是"吃饭靠教学，晋级靠科研"。科研跟不上会影响教师的发展。梁学军拉着一些教师做课题，帮助这些老师在学校获得好的发展。梁学军说："不能让老实人吃亏，对于一些踏实苦干的教师，需要推他们走出去，虽然他们平时不争荣誉，但是每个教师有自己的家庭，内心中也都渴望成功，作为组长需要统筹考虑，既保证基本公平，又充分考虑每个教师的现实需求，这样教师才会安心教学。如果教师专业发展的问题得不到合理解决，就会影响到教师日常的教育教学。不过，在推教师的时候，需要看这名教师是否踏实工作，是否已经做好了本职工作，需要让推教师的工作服务于学校整体工作安排以及学科梯队建设。教师自身如果不踏实工作，只想出风头，过分在意是否能够获奖，是有问题的。组长需要努力尽可能让勤恳工作而又有一定研究能力的老师获得回报，有可预期的发展前景，这样推人、树立典型才能起到引领学校教育教学好风气的功能。"

有的时候，其他组的老师开玩笑说物理组的老师遇到了一位贵人。实际上，在做课的时候顺义八中的教师都会先找梁学军，无论是英语教师还是数学教师做课遇到问题都会向梁学军请教。正是他强有力地支撑着整个八中教师团队特别是年轻教师的发展。

### 4. 个性化指导成就年轻教师

引领老师需要从多方面入手，既要带他们一起研究教材教法，又要督促他们自主学习，还要有计划地组织科研探究活动。在组织好日常教研活动的同时，梁学军在 2006 年新学期开始的时候发给老师一个笔记本，要求老师用笔记本记录下自己感兴趣的事物，抄什么都行，但要抄满，并告知三年以后检查老师的笔记本，做得好的梁学军自己花钱给教师发奖。梁学军这样做的目的很简单，因为他相信成功在于平时的积累，借助一个小小的笔记本可以督促每位教师在日常教育教学中注意积累，不要丧失对教育教学的敏感性，多学点知识，抄写点东西，只要抄了、学了就会有收益。

梁学军对每一个老师的指导是有差异的，他在培养年轻教师过程中会站在被培养者的角度看问题，力争使培养的内容和方式符合被培养者的特点。这个时候他更像一名导演，帮老师定位，给老师量身打造一些"剧目"。有的老师可能电脑方面有优势，他就重点以电脑兴趣爱好为基点，然后去发挥这种优势，再通过一些理念上的指导，培养属于这个人的教育教学风格。有了这些有侧重点的指导后，年轻教师就可以相对科学地给自己定位，发展出属于自己的教育教学模式。

在曾经的学生、后来成为美术教师的段长鹏看来，"为什么梁老师能够带出来这么多新人？关键就在于他善于根据每个人的特点做有针对性的指导，他能发现别人身上的优点。在我们绘画领域，教师通常不要求学生跟别人画的一样，也不允许都画一样，教师最看重的是作画的人什么地方画得有意思，有的话就把这一点放大。最可怕的就是每个人画的都一样。梁学军他能发现每个人的不同之处，知道那里是他的优势所在，他就把它放大。作为他的学生我深有体会，我高中时美术好，他就鼓励我应该在美术方面发展，每个人的优势都不一样，发展的侧重点也应该不同"。这一点也被三中的一位女老师证实："梁学军善于根据年轻教师的不同特点有针对性地予以指导，八中的果冬梅老师还有邱军老师都曾获全国物理教学比赛一等奖，但是她们两个人的特点又各不相同，不管是从教学风格、讲课语言，还是从课堂讲授的精练程度上来看都不一样，梁老师则有侧重地把她们引导到适合她们的道路上。"

每位教师在发展过程中都可能遇到颈瓶，但各自的问题又不尽相同。段长鹏说："这两年我感觉到有些困惑，不知道应该如何规划自己未来的职业发展，就经常打电话给梁老师，提出一些问题和自己的思考。梁老师往往会结合我的发展阶段以及现实问题给我一些建议，告诉我发展过程中应该注意些什么问题。他能够根据我们年轻教师自身状况提出建议，告诉我们某一个时期在某一方面应该侧重提升哪一块儿，到另一时期应侧重提升哪一块儿。比如，2002年，我可能需要侧重做课，过几年以后，就不能还停留在做课，可能需要加强研究，怎么去设计一些比较好的教学方案。梁老师站得高看得远，能够告诉年轻教师应该以什么顺序做事情，先做什么、后做什么，如何看待做事的效果，怎样才能做得更好等，他能够帮助我们年轻教师厘清思路，更好地进行规划。"

为了让年轻教师更好地成长，梁学军经常给年轻教师提建议，比如，根据教师的成长阶段建议教师做某类课题，从科研方面提升自己。他注意督促年轻教师总结日常工作经验，调动他们头脑里的知识，形成一些能够紧密结合他们工作实际的实践知识，等年轻教师对自身教育教学有了深刻的感悟和思考之后，他们就能够发展出一些属于自身的教学策略。为此，教师需要提升各方面的能力。他经常给年轻教师提建议："年轻教师应该广泛涉猎，扩大自身知识面，全方位提升自身素质，平时应该有意识地挖掘各种资源，把不同资源整合到自己的知识体系中，全面提高自身能力。因为教师教育教学具有强烈的实践性、综合性，在教育教学中每位教师都有可能会遇到各种难以预期的问题。每个人情况不一样，知识结构也不同，年轻教师需要结合自身实际有针对性地完善自身知识结构，这样他才能经过不断的积累成为某一学科的专家，而不是没有行动力的空想家。"

5. 做个好导演，策划教师团队发展

梁学军善于做导演，帮助其他教师做好策划设计。在梁老师的导演策划下，果冬梅 1996 年参加全国比赛获得一等奖，那时候，在远郊区县很少有教师获全国一等奖。邱老师说："有的老师课件做得特别棒，有的老师实验做得比较棒，还有的课型设计得比较好，而梁老师导演做得特别好。他在指导别人做课过程中就像是做导演，比如说果冬梅在外面上的课，很多设计都来自梁老师。每个老师都有自己的特点，梁老师自己更善于讲理论，如果是需要调用情感方面的能力，这种课由果冬梅讲出来效果更好，她的语言表述更具有亲和力。"

每逢学校年轻教师参加顺义区的中学教师基本功大赛，梁学军都要做专题辅导，从设计思想到实施过程，从特色手段到语言过渡，都要做认真细致的讲解。新教师在梁学军的导演下做完课，对于教育教学的理解会有质的变化。通过做课，新教师对课程的认识，对知识的认识，对方法的认识，对学生的认识都会发生根本性变化。

在邱老师看来，梁学军与一般物理教师的差异之处在于："他做什么事都是从物理组的角度去考虑，更注重团体的提高。别人说起我们顺义八中都说物理教学挺好的，其实这都是在梁老师的策划和领导下实现的，是他把大家带起来的。其他学校可能有一两个物理老师非常好，但是他的团队没有成长起来，只是一两个教师能力突出。梁老师不只是发展自身能力，更给其他教师铺路、架梯子。"

### 6. 协作中一路前行，构建八中物理特色

梁学军与同事研讨教学

　　一个人如果毫无保留地告诉别人自己成功的经验，讲的过程中也会有灵感迸发。如果像藏私房钱一样放在肚子里面不讲出来、不和他人分享，经验就会自然老化过时，讲出来与他人分享对自己也有用。梁学军认为："一个人独自思考问题是一种效果，和别人对话交流又是另外一种效果。在讲解沟通的过程中产生的碰撞和交流，会产生新的知识，也有助于整个团队的健康成长。"

　　顺义区一些学校的教师非常羡慕八中物理组。三中的张羽燕说："八中物理组的任何一位教师做课，梁老师都会帮着把相关事情安排好，有的老师去做投影片，有的老师去写教案，有的老师去做教具，这样，单个教师的负担就少多了。而其他一些学校的教师如果参加比赛，所有的筹备工作都可能需要参赛教师自己一个人做。梁老师能够

带领教师一起做事，将所有教师有机地组合起来，发挥每个人的优点，把事情做好。将个人竞赛作为集体性活动，只要每个人认真参与和真诚奉献，在做的过程中所有教师都能够得到提高。八中物理教师都非常优秀，即使从其他学校调到八中的教师，经过梁学军一两年培养，虽然有些能力刚开始可能不强，最后都能够脱胎换骨，成为教学骨干，真让人羡慕。"

当然，在一起前行的过程中并不是没有困惑和误解。一位曾一起"创业"的同事说："梁老师要求我们做课题研究的时候，做累了我会想，人之所以要去研究世界，大概是因为当人吃饱、穿暖的时候，会有一种探索自然的欲望，想把一些自己不明白的事情弄清楚，也正是因为这样，人才得以一步一步往前走。但有时当我自己感觉累了的时候，我会不由地问自己：我为什么要这样生活？看周围的一些同事，生活得很潇洒，上班就是上班，不做科研，更不用写报告。他们有时间就去健身，周六周日还常和家里人一起出去玩或者一起爬山。尽管也没有获得什么荣誉，但是别人过得很幸福！我每天牺牲个人空闲、学习进修、搞教学科研，值得吗？"然而，不管同事们如何思考教育、看待人生，梁学军对于学生发展，对于教研，对于自身的未来有自己的坚守！更重要的是，这种坚守也影响到他身边的诸多老师。

果冬梅老师说："梁老师对我至少精心指导了三次。2005年讲电器火灾的课，那时候梁老师就指导了，后来2007年参加一个全国比赛，那更是梁老师帮助我精心打造的课，在他的指导下，我们走在所有参赛选手的最前列，开展社会实践活动，把物理跟生活实践紧密结合。当时，侧重指导学生怎么去探究，不仅仅是从学习方法上去探究，包括在制造工具、学具方面，我们也对学生予以了指导。"

实际上，电器火灾那堂课调用了供电局、消防队和电视台的力量。从这些单位获得一些资料，再用物理的一些方法，让学生去搞一些实验。这和教师做课题有些类似：先去调研，调研完了之后有了一些想法，回来再研究，研究以后再用实验方式在课堂上展现。只不过这种展现是由学生来做的。这堂课就是纯粹的一个实践活动，也就是现在大力提倡的研究性学习。做这节课的时候是2004年，推出这节课的时候是 2005 年，这些内容到现在看还是非常超前的。

也许头脑中有想法的人很多，但是许多人只是想想而已，不像梁学军领导的团队那样做得那么实。在执行的过程中，教师可能遇到一些问题，这需要想尽办法去解决它们。对于教师这是一种提升，对于学生而言，经历这么一种过程，也能够得到一些锻炼，获得一些能力。

作为顺义八中这所新学校的创业者之一，梁学军身上仍有那种创业的激情，但是同时期来的一些老师身上已经很难发现这种激情了。为什么一些同事现在没有当初的激情了？梁学军也能够理解："一个人精力有限，到了一定年龄，上有老，下有小，整个事业已经到一个很稳定的状态，尽管没有突出的成就，但是日常教学已经驾轻就熟，往前冲的激情很容易丧失。"身体、家庭，各方面的限制会使得原来的创业者丧失最初创业所具有的激情，感觉到情感的失落，但是梁学军始终不愿意失去自己所珍视的教育情怀，一直痴迷于物理教学改革与创新，而且一直在努力做一个有热情、有抱负的物理教师，而他的协作和专研精神也深深感染着身边的同事，感染着与他合作交往的人，逐步凝聚为八中物理教研组的特色！

## 三、在科研中推动物理教学改革

梁学军从 1995 年就开始进行课题研究，至今已完成了三项课题研究，其中有国家级的，也有市、区级的，并取得了一定的成果。有些课题在顺义区产生了较大的影响，在全北京市、全国的某些领域也产生了一些积极的影响。

1998 年 3 月 18 日，梁学军的团队成功地举行了一次物理学史研究教育现场会。当时参加会议的有北京市教委教研中心、全国科技史学会物理学史专业委员会和《物理通报》的领导，北京四中、二十五中等重点中学的老师以及东城、通州等各区县的教研员共 60 余人。此次大会对梁学军的课题研究给予了高度的评价，并在全市物理学史界产生了广泛影响。此次现场会的录像资料也被首都师范大学研究生班在教学中长期使用。梁学军几年来的研究成果深得中国科技史学会物理学史专业委员会主任申先甲先生的高度赞誉，在全国物理学史界也产生了较强烈的影响。此后梁学军加强了与学史研究同仁的交流，分别参加了在苏州举行的全国第九届学史年会和在北京举行的第十届年会，并在两次会上都做了经验总结报告，给与会代表带来阵阵惊喜。

2005 年，梁学军还承担了区级课题"初中教师优秀课堂教学案例研究"，2006 年该课题被北京市教育科学规划办审批为市级课题，并于2010 年结题。经过北京市专家综合评议，最终确定顺义八中作为顺义区的代表在全市进行示范性结题。2010 年 6 月 19 日，北京市教育科学"十一五"规划校本研究专项课题示范结题大会在北京培新宾馆举行，作为课题的负责人，梁学军做了课题介绍，课题成果得到了与会专家王本陆教授的高度评价。

2010 年 7 月 10 日，由中国教师发展基金会组织的全国"十一五"教育科研成果表彰大会上，梁学军负责的课题"初中教师优秀课堂教学案例研究"被教育部中国教师发展基金会评为"十一五"教育科研优秀成果奖。同时，顺义八中被评为"全国教育科研先进集体"。

## 四、外界的评价与社会的认可

### 1. 成绩就是影响力

80 年代末，梁学军和其他两位老师组建了学校航舰、车、风筝模型小组，他们在历次比赛中都取得了优异成绩，先后有六项获第一名。两次代表县少年宫到北京市参赛，为当时的顺义县和学校赢得了荣誉。从 1995 年到 2005 年，顺义八中物理组教师两次获得全国物理创新教学大赛一等奖，以及其他的市、区级奖项。1997 年秋季，顺义县组织了"绿化杯"知识竞赛。梁学军辅导的三名学生分别荣获了第一、二、三等奖，梁学军也被授予"优秀辅导员"的称号。2001 年北京市推行新课改，梁学军积极参加这项改革，在实验探究方面做出了成绩，并两次为实验区的教师进行辅导，取得了良好效果。

梁学军具有榜样作用。一位同行说："梁老师的好学以及乐于助人都是我们其他老师的榜样，他给我很多帮助。我工作19年了，开始对物理教学有些自己的思考，不过还不够系统，梁老师对物理教育教学的思考给我很大启发，他鼓励我跳出工作看自己。他还鼓励年轻教师多读书，他自己阅读面非常广，非常好学，经常利用各种机会购买物理教育教学方面的书籍，我时常到他那里借书看。"梁学军非常有特点，也非常热心真诚，这已经成为他的一种人格魅力，他给年轻教师树立了勤奋乐学、热心助人的好榜样。

梁学军始终坚持只要有可能就多帮助年轻教师，在其他教师尤其是年轻教师需要的时候，在关键的时间、事件中帮助他们，推动一些有价值、有意义的教研活动、学生活动。顺义区甚至北京市的很多物理教师都认识梁老师，物理学科之外的很多人也认识他。

顺义区教育局领导想把梁学军调到区教研部门，认为那里更能够发挥他在教育科研方面的影响力，不过梁学军并没有同意，他还是喜欢课堂、喜欢学生。在他看来，作为一名特级教师，做好教书育人的本职工作更能够影响物理教育教学。不过他也同意特级教师的价值是多方面的、具有某种公共性，应该通过合理的组织向更多学校开放辐射，向更多的年轻教师传递、迁移特级教师对于教育教学、对于学生健康发展的实践性知识。

### 2. 参与"双优工程"

顺义区和首都师范大学基础教育发展研究院联合推出了一项"双优工程"，也就是准特级教师培养计划，在顺义区对11个学科23名优秀教师进行为期两年的培训，为区里有希望成为特级的骨干教师配备三名专家，一位是从北京市挑选的知名特级教师，负责教师的教育教学辅导；另一位是首都师范大学专家，负责教师的科研辅导。这样可以帮助骨干教师实现"两条腿走路"。梁学军被首都师范大学基础教育研究院聘为兼职导师，在顺义有两位特级教师参与了这项工程，他负责指导本校的果冬梅老师，这是梁学军成为特级教师后发挥辐射作用的一个点。同时，梁学军还是顺义区高级教师资格认定委员，负责评定物理教学、信息技术方面的能力。

3. 入选"北京市十大教育新闻人物"

梁学军对于物理教育教学的改革创新，以及二十多年艰苦而卓有成效的工作，越来越引起社会的广泛关注，2010 年，经过多轮激烈的评选，他最终入选为"北京市十大教育新闻人物"。

# 结　语

有人说："梁学军带班级，整个班级的学生都像他；他当年级主任，整个年级的老师都像他；如果未来他当校长，全校老师都会像他。"之所以能够让身边的人发自内心地认同他、学习他，这首先取决于梁学军的为人处世，他一直坚持善待学生、善待同事，而在做事中则严格要求自己，勇于承担责任！

教师是在用自己的平凡生活塑造不平凡的世界。教师不是雕塑家，却塑造着世界上最珍贵的艺术品。教师遭遇冷遇和不理解的时候应该向前看、辩证地看，把它放在更大的背景下思考并采取行动。许多时候别人对我们的不满在于我们不能正确地认识自己。实际上，别人是我们认识自身的一面镜子，别人的指责、不满等恰好说明我们自身可能存在某些方面或某种程度的行为偏差。当然，也可能是因为彼此判断行为的标准尺度存在根本性冲突。无论是因为隐藏在行为背后的价值观冲突还是因为个人的行为偏差，都难以通过单向度的指责来实现和谐与共同发展。

## 一、教学是一项事业

教学是职业还是事业？不同的教师可能有不同的理解，事业是与自己生命相干的事物，而不是单单为挣一点工资维持生活，这种理解包含了我们对自己所从事的工作内含的价值的认同追求与坚守。在同事眼中，"梁学军不是把教学当成玩，而是当成性命攸关的事业"。

在梁学军心中，教育本质是一种生活，也是一项研究性的事业。

教师需要能够对方方面面的工作进行冷静而理性的思考和研究，能够成为主动出击、主动谋求发展的人。对于教师而言，教育不仅仅是谋生的手段，更是一项创造性的事业。一方面，教师应该努力从自身积累的经验中寻找内在规律，从对困惑的反思中探询属于自身的教育智慧；另一方面，要积极而不是被动地学习新的知识，充实自己的理论基础。

## 二、做一台不断滴答的报时钟

有人劝梁学军到教育行政部门，也有一些单位要调他过去做科研或教重点班，可他还是选择留在顺义八中。尽管在其他人看来，调动之后会有比较高的收入，但是那不是他喜欢的生活。对于一些想转行的教师，梁学军经常会说："我不能给你指路，但你选择了一个职业，就选择了一种思维方式、话语方式和生活方式，而这也会改变家庭的生活方式。"

梁学军在给学生和同事讲个人发展和职业生涯时经常讲述这样一个故事：

一只新组装好的小钟放在了两只旧钟当中。两只旧钟"滴答"、"滴答"一分一秒地走着。其中一只旧钟对小钟说："来吧，你也该工作了。可是我有点担心，你走完3200万次以后，恐怕吃不消。"

"天哪！3200万次！"小钟吃惊不已："要我做这么大的事？办不到，办不到！"

另一只旧钟安慰小钟说："别听他胡说八道。不用害怕，你只要每秒'滴答'摆一下就行了。"

"真的这么简单？"小钟将信将疑，"如果这样我就试试吧。"

小钟每秒钟轻松地"滴答"摆一下，不知不觉中，一年过去了，它摆3200万次，小钟也似乎开始喜欢在摆动中发出一声声

"滴答"，开始理解每声"滴答"的意义。

学生的成长与发展就像那滴答的时钟，学生需要通过教师一节节课、一次次的对话、一次次的互动、一次次的点拨，才能实现一点点的进步，并且潜移默化为学生的素质。学生的发展是在教师日复一日的教学中实现的。教师需要耐心仔细地对待每一个学生，做好望闻问切：一望，看学校的教研教学现状；二闻，就是要多听教师学生的反映，敏锐地嗅到师生的生存状态；三问，就是要多问问教师和学生缺失什么、需要什么，困难和疑惑点在哪里；四切，就是把脉，把脉准确才能对症下药，开出有效药方。

## 三、教师需要勇于"在理想与和现实之间做选择"

教学需要一种智慧，更需要一种勇气！尽管用理想与现实做二元区分不一定准确，但现在很多人在"明智"地选择现实而不是理想。太现实的教育不是一种成功的教育，如果学校教育只注重知识传授，不重视德行培养，那么培养的人越有知识，越可能成为社会的祸害。尽管一再提倡素质教育，可是很多孩子自小学甚至幼儿园开始，整天就被置于无度的机械背诵和无声练习之中，他们的全部生活就是记住未来可能在考试中出现的、但是在实际生活中并没有多大作用的内容。在对分数疯狂攫取的同时，他们身心备受摧残。以至于有人抱怨他们不知道感恩，缺乏爱的教育，缺乏人道关怀的意识，缺乏一个大国现代公民所需要的胸襟和思维。因此，学校需要避免庸俗化教育，多些对人的关注，立足人的终身发展，教育的终极关怀是什么？它应该是直接指向生命的一种关怀，是对人的存在状态、生命价值的全面观照和整体呵护。而应试教育只是教育最浅表的部分，决不应成为我们教育的最高价值。

梁学军试图把对国家、社会以及对学生未来发展的责任感，转变成教师和学生能够认同的东西，让教师和学生在潜移默化中树立理想和责任感。改革是对旧有的不合理的事物的破坏，并试图创造新事物，其中自然包含了理想的成分。理想特别是教育改革的理想不应该是口号化的，不应该是套话，应该落实到日常教育教学行动中。这就要求讲理想的人首先自己要有理想，自己没有理想却想让别人有理想很难；其次，要踏踏实实在自己的课堂教学中实践并坚守自己的理想。

诗人泰戈尔曾说过："爱是理解的别名。"理解有多深，爱就有多深，梁学军对于爱的理解更多地表现为责任——坚守一个老师的良知，尽职尽责。这就像是愿做一只牛虻的苏格拉底，在他眼里，雅典就像是牛或者马，他受良心的驱使来叮咬这头行动迟缓的"牲口"。他之所以被称为西方第一位教师，不是因为他教给人们多少技术性知识或谋生的技能，而在于他唤起了人们对"真"、"善"、"美"等价值的自觉——做一个具有理想主义情怀的教育者。

相信每一位学生都是一粒种子，尽管他们的生长周期有长有短，尽管他们结的果实有大有小，但都是一粒粒向阳的、能够生长的种子。——这是一种生态学视角下对教育的理解，对人的发展的理解。梁学军从关注、尊重和善待每一个学生开始，从相信每一个学生的生命意义开始，从成全每一个生命的健全发展开始，不断推进物理教育教学改革。

许多教师习惯于把教育的诸多弊端推到体制身上，而疏于对教育做哲学思考，忽视对学生自由发展和自身心灵自由的追寻和坚守，教育工作似乎只能在方法和技术层面修修补补。曾任清华大学校长的蒋南翔借用马克思从必然王国走向自由王国的理论解释教育中的问题，他认为，教育工作者掌握了教育的客观规律，就能成为一个能够驾驭局面的自由人，而不是一个被牵着鼻子走的人。

在梁老师看来，做任何工作都需要做一个"顶天立地的人"。"顶天"就是要有理想，"立地"就是要踏踏实实到基层工作，要通过这样一个扎实的基础来实现自己的理想。教育的规律相对来说似乎并不难寻找，但是如何成为"顶天立地"的教师，则需要全社会都尊重教育的基本规律，至少需要达成某种程度的共识，这样教育才能真的"活"起来。当然，这需要教师首先成为勇于承担的"行动者"，在不同的环境中创生出属于自己，同时也能够被其他教师共享的方法与模式。

# 附　　录

## 附录一　《探究电磁铁磁性与电流大小及线圈匝数的关系》教学片段①

### 一、问题的提出

问题：电磁铁的磁性强弱到底和什么因素有关，请同学们通过实验探究一下。（要求：自愿组成小组，一周之后写出探究报告并上交）

### 二、假设的形成与陈述

接到问题之后，学生们首先成立了探究小组，然后对老师提出的问题进行了猜想和推测。以下仅以其中一个小组的探究过程为例：

既然电磁铁是通电的，就应该电流越大，它的磁性越强（可以从吸引大头针的数量来体现）；电磁铁是由一圈圈的漆包线组成的，就应该是圈数越多磁性越强。磁性强弱可能与线圈的匝数、电流的大小两个因素有关。要看其中的一个因素是否能够影响电

① 该教学案例由梁学军老师执教，北京教育科学研究院基础教育研究中心秦晓文老师评析。

磁铁的磁性，就要对另一个因素加以限制。最终得出了这样的两个研究假设：

1. 在电磁铁线圈的圈数一定的条件下，如果通过电磁铁的电流越大，则电磁铁的磁性就越强；

2. 在通过电磁铁的电流一定的条件下，如果电磁铁线圈的圈数越多，则电磁铁的磁性就越强。

## 三、实验设计

在实验中，上述小组中的学生对研究假设中的变量进行识别，确定了自变量、控制变量、因变量。

根据自变量测量的需要，他们选择了实验仪器并设计了实验的步骤，根据自变量、控制变量和因变量的内容以及实验中要测量的次数设计出了实验记录表格。

（一）识别变量，并对变量进行操作定义

根据本实验的假设 1 可以确定自变量为电流的大小，因变量为电磁铁的磁性强弱，电磁铁线圈的圈数为控制变量。根据本实验的假设 2 可以确定自变量为电磁铁线圈的圈数，因变量为电磁铁的磁性强弱，控制变量是电流的大小。电磁铁磁性强弱可以根据它吸引大头针的多少来判断。在实验过程中，如果有多个自变量，在对其中一个自变量进行实验时，其余自变量则是控制变量。（见表1）

表1

| 控 制 变 量 | 自 变 量 | 因 变 量 |
|---|---|---|
| 电磁铁线圈的圈数 | 电 流 | 电磁铁磁性（吸引大头针的数量） |
| 电 流 | 电磁铁线圈的圈数 | |

（二）选择控制技术

通过怎样的实验来检验以上猜想呢？学生们经过讨论，认为应该利用控制变量法，分别控制线圈匝数、电流：

（1）保持线圈匝数一定，改变通电电流的大小，测量电磁铁的磁性强弱；

（2）保持电流一定，改变线圈的匝数，测量电磁铁的磁性强弱。

为此，需要解决三个问题：怎样测量电磁铁磁性的强弱、怎样改变和测量通过电磁铁线圈的电流、怎样改变电磁铁线圈的匝数。学生们讨论了解决这三个问题的各种可能方法，最终确立了一个实验方案。实验的难点就是改变电磁铁线圈的匝数的问题，为了解决这个问题，他们决定制作一个多抽头的线圈。

（三）确定实验所需的材料和设备，设计实验步骤

需要的实验器材如下：漆包线（$\varphi = 1.1mm$，$L = 10m$）、塑料管（$\varphi = 20mm$、$L = 100mm$）、铁芯（$\varphi = 14mm$、$L = 120mm$）、干电池（1 号，2 节）、开关、滑动变阻器（20Ω，2A）、电流表（J0407 型）、导线、若干大头针、铁架台。

首先，要用上述规格的漆包线制作一个八抽头的电磁铁（120 匝，每 20 匝抽出一个接线端），选取这样直径的漆包线和塑料管缠绕起来比较方便，实验操作时可见度较大且简便易行。制作多抽头就是为了改变线圈中的匝数而设计的。选用滑动变阻器就是为了改变电路中的电流，电流表就是为了测量电路中的电流大小。

实验实施等过程略。

评析：本探究案例方案设计全面，器材有些是学生可以亲自动手制作的，有些是中学实验室具备的，故具有可操作性。自制多抽头电磁铁是本实验中的一个特色。本案例中，假设的形成、变量分析、实验设计科学合理，具有可重复性。

科学探究不仅需要灵活的头脑，更需要严谨、规范的科学程序。让学生经历简单的科学探究，是培养科学探究技能和科学精神的重要基础。本案例值得我们进一步思考之处有以下四个方面。

（1）自制一个多抽头的线圈是进行实验的必备基础，没有现成的漆包线可从废旧的镇流器、变压器中拆出来。

（2）当改变线圈匝数的时候，要确实做到线圈中电流保持不变，由于线圈的电阻很小，因而在改变线圈匝数时电流变化很小，需要细心调节。

（3）在吸引大头针时，盒子内放置的大头针的量和电磁铁铁芯露出的多少也是要注意的，本实验中采用吸引大头针的方法是否科学，还有待于做进一步的研究。

（4）在实验假设的建立、各种变量的确定、器材的选择、实验的设计等方面中注意时刻体现出科学探究的逻辑性和严谨性，这种意识是十分重要的。

从本案例中我们也可以看出，影响因变量的自变量可能不止一个，因而在进行变量的确立时，首先要保证自变量和因变量的一一对应关系。此自变量确立后，其他关系中出现的自变量在此时就成为控制变量。术语或变量的操作性定义是研究中的一个重要环节，关系到是否能对研究进行检验，这是整个研究顺利进行的基础。

# 附录二　探究一节干电池的储电能量①

## 一、实验背景

在学习电学时，老师在课上讲解了电压的知识。在介绍各种各样的电池时，提到大部分电池两极间的电压都是 1.5V，老师还说，别看它们大小不一样，它们的电压都是一样的，体积大的储存电能多，用的时间就可能长一些。我看着讲台上一个个大大小小的电池，脑子里突然闪出一个问题：一节电池究竟存有多少电能，到底能用多长时间？下课之后，我把我的问题告诉了老师，老师笑着对我说："真是对不起，我还真不知道这个问题。要不你做一个实验测一测？我可以给你提供一些器材。"我欣然同意了，于是我就向老师借了一些器材，利用周末开始了我的科学研究工作。

## 二、制订实验计划

在实验之前，我先初步地设想了一下实验的全过程，制订了一个研究方案，并做好了实验的前期准备工作。在电池的选用上，我特地从商店买了一节新的 5 号电池。

## 三、实验的实施

实验进行的时间是从周六早 6：00 开始，每隔 2 小时做一次记录。
实验器材：南孚 5 号电池一节，"4.8V　0.13A"小灯泡一只。
实验步骤：

---

① 该教学案例由初二（2）班赵宇同学编写，梁学军老师指导。

① 根据图 1 中的电路图连接实物电路。

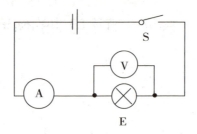

**图 1　实验有关的电路图**

② 闭合开关 S，分别记录下电压表和电流表的初始值，将数据填写在下面的表 1 中。

③ 以后每两小时记录一次，直到电压表的示数降为零为止。

④ 整理仪器。

⑤ 根据实验记录，整理实验数据，计算出小灯泡的平均电功率，并粗算出电池总的电能。

⑥ 描绘小灯泡电功率随时间变化的图像。

**表 1　第一次实验记录**

| 次数<br>物理量 | 1 | 2 | 3 | 4 | 5 | 6 | 7 | 8 | 9 | 10 | 11 | 12 |
|---|---|---|---|---|---|---|---|---|---|---|---|---|
| 时间（时） | 6:00 | 8:00 | 10:00 | 12:00 | 14:00 | 16:00 | 18:00 | 20:00 | 22:00 | 24:00 | 2:00 | 4:00 |
| 电压(V) | 1.50 | 1.30 | 1.22 | 1.20 | 1.15 | 1.12 | 1.11 | 1.00 | 0.80 | 0.40 | 0.10 | 0.00 |
| 电流(A) | 0.16 | 0.14 | 0.14 | 0.14 | 0.13 | 0.13 | 0.12 | 0.12 | 0.11 | 0.04 | 0.01 | 0.00 |
| 电功率(W) | 0.24 | 0.182 | 0.171 | 0.168 | 0.15 | 0.146 | 0.133 | 0.12 | 0.088 | 0.016 | 0.001 | 0.00 |

在做完上述记录之后，无意中把小灯泡去掉，过一段时间再装上，发现小灯泡又可以继续发光。于是又进行了第二次实验，此次持续的时间达 6 个小时，数据见表 2。

表2　第二次实验记录

| 次数<br>物理量 | 1 | 2 | 3 | 4 | 5 | 6 | 7 |
|---|---|---|---|---|---|---|---|
| 时间（时） | 8：00 | 9：00 | 10：00 | 11：00 | 12：00 | 13：00 | 14：00 |
| 电压（V） | 0.82 | 0.60 | 0.42 | 0.20 | 0.15 | 0.06 | 0.00 |
| 电流（A） | 0.12 | 0.10 | 0.08 | 0.04 | 0.02 | 0.01 | 0.00 |
| 电功率（W） | 0.0984 | 0.06 | 0.0336 | 0.008 | 0.003 | 0.0006 | 0.00 |

　　经过对上表进行整理，计算出两次实验的平均电功率和消耗的电能，最后计算出总的电能。并绘制出相应的变化图像。

平均电功率 $P$ ＝（$P_1+P_2+P_3$……$+P_{12}$）/12

$\qquad\qquad$ ＝（0.24+0.182+0.171+0.168……+0.00）/12

$\qquad\qquad$ ＝0.118W

电能1　$W_1=Pt=0.118W\times22\times3600S=9345.6J$

平均电功率 $P^{I}$ ＝（$P_1+P_2+P_3$……$+P_7$）/7

$\qquad\qquad$ ＝（0.0984+0.06+0.0336+……+0.00）/7

$\qquad\qquad$ ＝0.029W

电能2　$W_2=Pt=0.029W\times6\times3600S=626.4J$

总电能　$W=W_1+W_2=9345.6J+626.4J=9972J$

小灯泡电功率随时间变化的图像见图2：

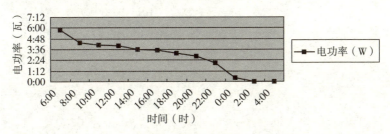

图2　电功率变化情况

## 四、实验的分析及结论

　　从上面的实验记录表格和图像可以看出，随着通电时间的增加，

191

小灯泡两端间的电压、通过小灯泡的电流值都在减小，因此它消耗的电功率也是减小的。

## 五、实验的讨论

在实验过程中，为什么第一次电流表、电压表都达到零之后，过一段时间后，电池两极间电压又恢复到一定的数值，而且还能重复几次出现，只是数值越来越小？这些还不太清楚，有待于做进一步的研究。

## 附录三　探究热水瓶的保温效果与瓶内
热水的体积的关系①

### 一、提出问题

热传递有三种方式：传导、对流和辐射，热水瓶就是很好地利用这三种热传递的规律来保温的。学生一般都有这样的常识：热水瓶内热水很少时，保温效果不好。于是，我向学生提出了问题：热水瓶内是装满水时保温的效果好呢，还是装一部分水时的保温效果好？即探究热水瓶的保温效果与瓶内热水的体积的关系。

### 二、猜想与假设

学生根据生活经验，提出假设：热水瓶的保温效果与瓶内热水的体积有关系，瓶内热水的体积越小，保温效果越差。

### 三、制订实验计划

在制订研究方案的过程中，学生们各自设想了一些实验方案，然后进行讨论。有的认为，要做这个实验就必须用同一个热水瓶，因为不同的热水瓶的保温程度是不一样的。有的却提出了反对意见，说用同一个热水瓶做实验，虽然保温性能相同，但不能保证在同一时间里把实验完成。不同时间的气温是不一样的，热水的放热速度也会不同。有的学生则认为可以把住校生的热水瓶收集起来进行筛选，最终可以选出一些保温性能比较相近的实验器材来。也有的学生认为那样做太

---

① 该案例由梁学军老师执教。

麻烦，而且在同一季节里，每天都选取同一时间段做实验，一般情况下温差不会差很多的。最终，各小组都选用了不同的方案。

下面是第一小组的实验方案，他们选用的是一瓶多次测量的方法。他们认为，在这个实验中，热水瓶本身的保温性能应该作为控制变量，在实验过程中保持不变。一位学生从家里带来了一个新的热水瓶，又从实验室借来了一支水银温度计和一个大口的烧杯。

## 四、实验的实施

实验进行的时间为 5 天，小组里的五人轮流进行，每次由一名同学值班。值班者每天早 7：00 到校后打取适量的水，测量出水的初温，并做好记录。下午 5：00 放学时做好第二次温度的测量和记录，中间的测量间隔为 10 小时（h）。

实验步骤具体如下：

（1）测出热水瓶的容积。

（2）每天热水瓶的注水量比上一次减少 0.25 升（L），具体做法是将热水瓶打满水后，用量杯量取倒出的水，算出瓶内剩余水的体积。

（3）做好初、末温度的记录，计算出每次实验初、末温度的温差，将数据填写在下面相应的表中，见表 1。

（4）利用 Excel 描绘出全部过程的 10 小时的温度变化与盛水量关系的变化图像，见图 1。

表 1　实验数据记录

10 小时（h）　　热水瓶的容积 2 升（L）

| 次数 | | 1 | 2 | 3 | 4 | 5 |
|---|---|---|---|---|---|---|
| 装水的体积（L） | | 2 | 1.75 | 1.5 | 1.25 | 1 |
| 水温 | 初温（℃） | 95 | 92 | 89.5 | 92.7 | 92.5 |
| | 末温（℃） | 83.7 | 79.8 | 76.9 | 77 | 75.7 |
| 10 小时温差（℃） | | 11.3 | 12.2 | 12.6 | 15.7 | 16.8 |

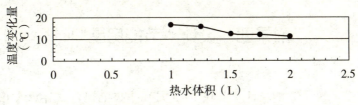

图 1　温度变化量与盛水量的关系

## 五、分析与论证

从温度变化量与盛水量的关系图像可以看出，随着热水瓶内水的体积逐渐减少，水在 10 小时内的温度下降量逐渐增大，因此可以得出以下结论：热水瓶内的热水量越少，热水瓶的保温效果越低。

## 六、实验的评估

在实验过程中，初、末温度的测量间隔 10 小时，这样测量方便，但不能断定 1 小时、2 小时内热水瓶的保温效果也符合上述结论，有待于做进一步的研究。

## 七、交流与合作

各小组之间进行了交流，发现结论并不完全一致：有的小组发现当热水瓶内的热水量为 1.9L 时，保温效果比 2L 时略好。经过讨论，大家认为热水瓶内的热水量达到 1.5L 后，每增加 0.1L 做一次实验，可能会得出更精确的结论。

# 附录四 设计"节能房屋"①

"节能房屋"的设计于 2000 年 5 月在中央电视台《异想天开》节目组举办的设计比赛中，取得了单项比赛的第一名。本文将介绍"节能房屋"的设计过程，为广大物理教师开展初中物理实践活动提供借鉴。

## 一、积极查阅资料，了解能源状况

在活动的过程中，学生们所查阅的资料主要来自两个方面，一方面是从网上查询，另一方面是从图书中查寻。在查阅资料的过程中，学生们认识到我国及世界上的能源都面临着极大的危机。一些常规能源的使用年限已为时不多，石油、天然气、煤炭的使用年限分别为 40 年、60 年和 250 年。开发新能源、节约现有能源已成为当今世界科学研究的重要课题。

为此，学生们首先查阅并分析了我国的能源状况，学习了一些能源的分类知识，并把太阳能、风能、地热能的状况整理成表 1。

表 1 能源状况

| 能源的种类 | 能源存在的特点及分布状况 | 能源的利用情况 |
|---|---|---|
| 太阳能 | 太阳向地球辐射的功率为 $8 \times 10^{12}$ Kw。无污染，不破坏生态环境。太阳能既可转化成热能，也可以转化为电能。 | 在我国大部分的地区都有所利用，但利用率不高，有待于继续开发。利用最好的是云南和西藏。 |
| 地热能 | 地壳中地下水的总量约为 1 亿立方千米，相当于地球上全部海水总量的 1/10。在地层 30 多千米深处水的温度约为 1000~1300℃。我国地下著名的温泉达 2000 多处。 | 西藏、广东、台湾、南京等地区有所利用，有待于继续开发利用。 |

---

① 该教学案例由梁学军、狄立清两位老师合作完成。

| 能源的种类 | 能源存在的特点及分布状况 | 能源的利用情况 |
|---|---|---|
| 风能 | 全世界可利用的风能为 $10 \times 10^8$ Kw，比陆地的水能资源多 10 倍。利用风能，无污染，投资少，见效快，价格低。我国风能总储量约为 $1.6 \times 10^9$ Kw，其中可利用的约为 10%。在我国西北、华北、沿海地区有丰富的风力资源。 | 目前在我国内蒙古、青海、黑龙江、甘肃、东南沿海等地区有所利用，但利用率不是太高。 |

主要资料来源：《中国大百科全书·水文科学》，中国大百科全书出版社出版；中国新能源网，http：//www. newenergy. org. cn/energy/thermal/overview/index. htm；三峡工程信息网，http：//202. 103. 6. 47/project/sxgch. html.

在此基础上，学生们提出了设计节能房屋的构想：全国如果按 3 亿个家庭计算，每户每月节省 1 度电，全国每年可节省 36 亿度电，相当于三峡水电站年发电量的 1/29。

## 二、讨论节能方案，设计节能房屋

查阅完有关能源的资料之后，同学们对可利用的能源进行了进一步的分析，确定了所利用能源的形式，并根据这些能源的特点，设计出了房屋的结构。

### 1. 能源的利用和节约

面对众多的能源，在一些常规的能源上做文章显然是没有意义。从上面所列出的能源来看，目前在我们北方地区可利用的环保型能源主要有三种：太阳能、地热能、风能。怎么来利用和节约这些能源呢？几位学生做了分工，分别侧重研究一种能源的利用方式，并制订出各自的实施方案，设计出自己的节能房屋的示意图，最后综合到一起形成了一个节约能源的总体方案：

① 在太阳能方面，邵长昊同学认为，夏天的太阳能太多了，而冬天的太阳能又太少了，应该把夏天多余的太阳能储存起来，留在冬天使用；

② 刘天一同学认为，既然夏天的太阳能太多，人们又都希望夏天

197

室内的温度低一些，就可以利用多余的太阳能来调节室内的温度，可通过用它带动起一些空调来实现这个设想；

③ 于海涛同学提出来要用地下的热水在冬天进行取暖，同时向地下深处安装一套双管的循环管道，在夏天让地面的水和地下深层的冷水进行热交换，为房间制冷。

## 2. 房屋的设计

### （1）保温材料的选择

讨论完了节能形式之后，学生们又将各自设计的房屋结构进行了综合，并提出了各自设计的理由。为了设计好建房所用的材料，学生们亲自做了一些实验，并记录了实验数据。特别是邵长昊同学所做的实验，非常认真细致，他在活动总结中是这样写的：

"我在保温材料方面进行了选取。最初，我在建筑工地发现工人们在盖工棚时，都在房顶内铺一层泡沫塑料板，据说这样可以冬暖夏凉。同时，我也向小区管供暖的工人师傅了解了锅炉的保温措施，他们说在锅炉的周围放了一些叫珍珠岩的保温材料，这样可以起到很好的绝热作用。到底哪种材料保温性能更好一些呢？我做了一个两种材料保温性能的测定实验：先取两个相同的玻璃杯子，然后再取两个相同的纸筒，把两个玻璃杯子分别放到纸筒的正中；再把泡沫塑料板弄碎，放入其中的一个杯子和纸筒之间，把珍珠岩颗粒放入到另一个杯子和纸筒之间；在两个杯子中倒入相同质量的热水，插入两只相同的温度计，再盖上两个相同的盖子；然后每隔 20 分钟记录一下温度，记录数值在表格中（如表 2 所示）。然后用 Excel 画出泡沫塑料和珍珠岩的保温特性曲线。（如图 1 所示）。

表 2

| 时间（分）\材料 | 0 | 20 | 40 | 60 | 80 | 100 | 120 | 140 |
|---|---|---|---|---|---|---|---|---|
| 泡沫塑料（℃） | 96 | 94 | 92 | 90 | 88 | 86.5 | 85 | 83 |
| 珍珠岩（℃） | 96 | 93 | 90 | 87.5 | 85 | 82 | 79.5 | 78 |

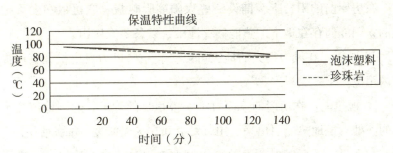

**图1 泡沫塑料和珍珠岩的保温特性曲线**

从实验的结果来看，泡沫塑料的保温性能要比珍珠岩的保温性能好一些，于是，我们就选泡沫塑料作为保温材料。但有的同学提出：泡沫塑料的坚固性不好，不能作为墙体材料。于是，我们又查到了一种叫空心砖的材料，如果把泡沫塑料颗粒放入空心砖中，这样既可以坚固又可以保温，真是太好了。"

（2）综合后的房屋的结构，见图2

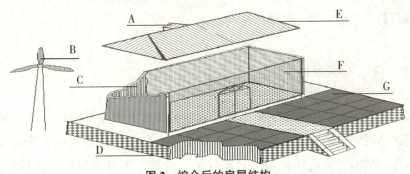

**图2 综合后的房屋结构**

图2房屋的各部分功能：A：通风窗；B：风力发电机；C：房屋制冷、供热管道；D：热能储存池；E：太阳能电池板；F：双层保温玻璃；G：太阳能热能吸收板。

（3）房屋的节能原理

经过集体研究，学生最后制订出了一套房屋的设计方案。三种形式能源的利用体现在以下几个方面。

① 太阳能：在房屋的顶部装有太阳能电池板，它可以把太阳能转化成电能。一部分电能供应室内照明，一部分供应其他的电器运行，还有一部分电能储存起来以供阴天使用。

在房屋前的阳台上，铺设一些太阳能吸热板，它可以在夏天把吸收的太阳能储存在地下的热能储存池中，以备冬天使用。

② 风能：在风力很大的地区可以安装一些风力发电机，直接提供室内用电。

③ 地热能：在房屋的下面打上一根很长的管子，通到地球几十千米的深处，把地热能引出来，用于发电和在冬天取暖、洗澡使用。

在夏天，还可以把地下的冷水抽上来，对室内制冷以后，再通过封闭的管道循环下去。这样做既不污染地下水，也不会超量开采地下水。

（4）房屋的节能设施

在房屋的墙壁中加入一些高效的绝热材料，在夏天可以阻止外部的热能向内部传递，冬天可以阻止内部的热能向外部传递。

在房屋的正面设计有双层隔热玻璃，在冬天可以使阳光直接射入室内，以提高室内的温度。在夏天，可以放下遮光的窗帘，同时打开屋顶后部的通风窗，以通风换气。

## 三、交流与反思

通过交流与反思，学生们感觉到在这次活动中团队精神得到了很好的体现，意志品质也经受了很好的考验，如有的学生划破了手也没有停下实验。他们认识到了目前我国和世界上各种能源所处的现状，增强了能源的危机意识和开发、利用新能源的信心，同时也初步地尝试了利用各种能源的途径，掌握了一些节约能源的技术和方法，提高了解决实际问题的能力。

# 附录五　对天平砝码配置的探究①

在一次物理课上，老师组织同学们讨论了一道开放性的问题："现在我们所使用的天平还存在着什么缺点？"同学们讨论得非常热烈，都各自发表了自己的见解。有的同学说："调节太麻烦了，要是安装一个能自动调节平衡的装置就好了。"有的同学说："测量液体时太麻烦了，应该把左侧的托盘换成一个托杯，这样就方便了。"我突然想到老师说过，人民币的面额、天平的砝码和拔插式电阻箱的数值都采用的是"1、2、2、5"四个数，这样四个数就可以组合出"1~10"的各个数值，如表1所示。

表1　1、2、2、5砝码的组合值

| 组合的数值（g） | 1 | 2 | 3 | 4 | 5 | 6 | 7 | 8 | 9 | 10 |
|---|---|---|---|---|---|---|---|---|---|---|
| 使用的砝码 | 1 | 2 | 1<br>2 | 2<br>2 | 5 | 1<br>5 | 2<br>5 | 1<br>2<br>5 | 2<br>2<br>5 | 1<br>2<br>2<br>5 |

于是，我就想是不是一定得用这四个数值呢？别的数行不行？用别的四个数能不能组合出连续的数值？经过从1逐渐递增进行实验，我最后发现，采用"1、2、4、8"四个数进行组合，也可以组合出连续的数值，而且可以组合出"1~15"的范围。这样，同样是四个砝码，就可以使测量的范围增加到一倍半，从而扩大了天平的使用范围。接着，我就找出了我原来的学具天平，对配备的砝码进行了改进，把原来的5g变为4g，把原来的10g变为了8g，这样，一组新的砝码就制成了。

在对各个数值组合实验的过程中，我发现了这样的一个规律：要想使所选取的数值组合起来保持连续性，所选用的数值只要满足前面

① 该教学案例由北京市顺义区第八中学2002届初二（1）班张鹤同学提供，辅导教师为梁学军、魏四双。

已选数值之和再加 1 即可。例如：已选数为 1、2，则 1+2=3，根据 3+1=4，则下面的数选为 4。依此类推，1+2+4=7，7+1=8，则下面的数选为 8。而且，几个数之和是组合出的最大值，1、2、4、8 四个数之和正好是其所能测量的最大值。根据个位的递推关系，也可以制作出十位的数值，十位的数值可选为 10、20、40、80，这几个数之和为 150。以往天平砝码八个数 1、2、2、5、10、20、20、50 的组合值为 110，改进后砝码八个数 1、2、4、8、10、20、40、80 的组合值为 165，这样，整个天平的测量范围就比以往天平的测量范围扩大了很多。

**表 2　1、2、4、8 砝码的组合数值**

| 组合的数值（g） | 1 | 2 | 3 | 4 | 5 | 6 | 7 | 8 | 9 | 10 | 11 | 12 | 13 | 14 | 15 |
|---|---|---|---|---|---|---|---|---|---|---|---|---|---|---|---|
| 使用的砝码 | 1 | 2 | 1<br>2 | 4 | 1<br>4 | 2<br>4 | 1<br>2<br>4 | 8 | 1<br>8 | 2<br>8 | 1<br>2<br>8 | 4<br>8 | 1<br>4<br>8 | 2<br>4<br>8 | 1<br>2<br>4<br>8 |

比较表 1、表 2 两表中组合数值来看，新式组合并不比旧式组合烦琐，在 1~10 数值的组合中，两次的对比结果可以用表 3 来表示。

**表 3　两种组合的比较**

| 组合码个数 | 新式组合（次） | 旧式组合（次） |
|---|---|---|
| 一个 | 4 | 3 |
| 两个 | 6 | 4 |
| 三个 | 4 | 2 |
| 四个 | 1 | 1 |

从表 6-3 中可以看出新式组合要优越于旧式的组合方式，新式组合的砝码如图 1 所示。

**图 1　新式组合的砝码**

# 附录六　追寻科学家的足迹
## ——物理学史活动汇报会①

## 一、汇报会流程

1. 开幕词
2. 快板：《数数咱们的科学家》
3. 故事：《让母亲担忧的孩子》
4. 打击乐器演奏：《欢乐颂》
5. 小品：《伽利略巧遇亚里士多德》
6. 小提琴演奏：《小步舞曲》
7. 小品：《共振》
8. 故事：《"两弹元勋"邓稼先》
9. 相声：《我也想当科学家》
10. 合唱：《飞奔吧，科学的航船！》

## 二、汇报内容

1. 开幕词

（男女主持人上台）

男：茫茫宇宙蕴藏着多少神秘世界？

女：浩瀚星海存在着多少个未解方程？

男：物质分了再分会是怎样的结果？

女：奥秘探了再探还有多少无穷？

男：是呀，人类就是在奔腾长河中不停地探索研究。

---

① 此为梁学军做导演、编剧策划的课题汇报活动，活动时间为 1998 年 3 月 18 日。

女：是的，科学家就是在辽阔的海洋中不停地寻觅追求。

男：浴盆中诞生了浮力原理。

女：烈火中燃出了对日心说的追求。

男：苹果落地激发了牛顿的灵感。

女：雷电的火花闪烁出了富兰克林的豪情。

男：科学是没有国界的，居里夫人把科学献给了人类。

女：科学家是有祖国的，钱学森毅然踏上了回国的征程。

男：理想、信念、追求真理是科学永恒的主题。

女：勤奋、忘我、高尚的人格是科学永远的形象。

合：让我们在科学的征途上寻找他们的足迹，让他们的精神在我们成长中激励，闪光！

## 2. 快板：《数数咱们的科学家》

主持人：科学家知多少，还是听听数来宝，你也赞、我也夸，数数咱们的科学家。请听快板《数数咱们的科学家》。

（表演者上台）

甲：打竹板，走上台，
　　我们二人说起来，
　　东不扯，西不拉，
　　今天就说科学家。

乙：科学家，实在多，
　　真是不知从哪说。

甲：从哪说，都可以，
　　咱们二人比一比。

乙：（白）行啊，你说怎么比吧？

甲：怎么比，那好说，
　　比比看谁知道科学家的数量多。

乙：行，那你就先说吧。

甲：好，我先说。
　　阿基米德和墨翟，

张衡、沈括、托勒密。

哥白尼、布鲁诺，

伽利略和开普勒。

帕斯卡，马略特，

托里拆利和胡克。

惠更斯和牛顿，

富兰克林不用问。

伽伐尼和瓦特，

库仑、伏达奥斯特。

（白）该你了。

乙：好，我来。

安培、欧姆、法拉第，

查理、布朗和亨利。

还有焦耳、开尔文，

麦克斯韦和伦琴。

洛仑兹、爱迪生，

居里夫妇、汤姆生。

普朗克、卢瑟福，

爱因斯坦你准熟。

甲：咱们说的还是外国的多。

乙：那你说为什么呀？

甲：公元十三世纪前，

我们的科技都领先。

西方文艺搞复兴，

他们的科技占上风。

这只怪，封建统治阻碍大，

只讲儒术治天下，

不讲科技只抓权，

一下子落后四百年。

直到二十世纪初，

　　　　我们的科技才赶步，

　　　　特别是在建国后，

　　　　取得了巨大新成就。

　　　　涌现了一批科学家，

　　　　为国为民人人夸。

乙：这些我都知道。

甲：那你说吧。

乙：好，我说。

　　　　胡刚复、吴有训，

　　　　严济慈和叶企孙。

　　　　周培源、钱三强，

　　　　钱学森和钱伟长。

　　　　赵忠尧、赵九章，

　　　　郭永怀和王淦昌。

　　　　这些科学家了不起，

　　　　为我国的科学发展垫了底。

甲：许多中外科学家，

　　　　良好的品质人人夸。

　　　　知识技能过得硬，

　　　　人品令人更崇敬。

乙：那你举些例子吧，

甲：好。

　　　　富兰克林人都熟，

　　　　八岁开始去读书。

　　　　聪明好学又伶俐，

　　　　成绩总是了不起。

　　　　由于家境很贫穷，

　　　　十岁退学去做工。

　　　　十二岁起学印刷，

　　　　干活之余学文化。

翻阅书籍近一万，

养成了自学的好习惯。

放风筝，引雷电，

勇敢大胆做实验。

为祖国，争独立，

起草宣言他参与。

他的能力了不起，

他的精神谁能比？

乙：你讲外国的，我讲中国的。

我要一提钱学森，

家喻户晓人皆闻，

二十年在美搞火箭，

时时怀着爱国心，

48 年准备回国迎解放，

美方无礼扣压人。

（白）美国海军次长金布尔说："我宁可把这家伙枪毙，也绝不让他回国。在哪儿他也至少顶五个师。"

周恩来总理关怀下，

同美交涉回家门。

回国之后搞导弹，

实验成功振人心。

星际航行他研究，

卫星发射的决策人。

（白）这样伟大的科学家他却说："我作为一个中国的科学工作者，活着的目的就是为人民服务，如果人民最后对我的一生所做的工作表示满意的话，那才是最高的奖赏。瞧人家多谦虚，谁像你似的。"

甲：谁呀？！

科学家，不平凡，

前进的道路多艰难。

　　今天只是说物理，
　　　　别的学科还没谈。

乙：你也夸，我也赞，
　　　他们的事迹说不完。

合：让我们学习科学，热爱科学，
　　　认真求知，积极探索，
　　　创造科学的新明天！

### 3. 故事：《让母亲担忧的孩子》

主持人：一个孩子天黑很久后还未回家，让母亲多么担忧。当母亲急匆匆找到他的时候，发现他被一件东西迷住了，那就是一本书，他是谁？请听故事《让母亲担忧的孩子》。

（内容略）

### 4. 打击乐器演奏：《欢乐颂》

主持人：《欢乐颂》，多么气势辉煌的交响乐！当荡漾在维也纳歌剧院大厅时，你的心潮可能会有几番起伏，当用另一种乐器演奏时，你也会感到有几分新鲜的情调。富兰克林曾用杯子制成杯子琴进行打击，今天我们把它改装，也登大雅之堂，请听打击《欢乐颂》。

（内容略）

### 5. 小品：伽利略巧遇亚里士多德

主持人：一个轻的物体下落得快，还是一个重的物体下落得快？亚里士多德和伽利略在1500年后邂逅，于是他们争起了这个问题，看，他们来了——

（表演者上台）

（旁白）大家都知道伟大的科学家伽利略，从小就爱做实验，对每一事物一定要经过自己仔细推敲才能接受。古希腊学者亚里士多德认为，重的物体落地快，轻的物体落地慢。而伽利略巧妙地提出了一个问题：如果把一个重物和一个轻物体绑在一起，结果会怎样呢？

甲：我叫亚里士多德，生在古希腊爱琴海边的一个小镇。我在哲学、科学、逻辑、心理等方面都做过一些研究。人们都叫我是最伟大的哲学家。

乙：我叫伽利略，生在意大利的比萨城，我比他小 1948 岁。他在科学研究方面是我的前辈。不过有些问题我还得和老先生商量一下。老先生，听说您对物体下落问题做过一些研究。

甲：是呀，我是做过细致的研究。

乙：听说您认为重的物体下落快，轻的物体下落慢。

甲：是这样的。

乙：那为什么呢？

甲：你看（拿出一片羽毛、一个铅球，做下落实验，结果铅球先落地）就是这个道理。

乙：是铅球先落地，确实如此。不过我也想过，如果有两个轻重不同的物体，他们下落的速度就不一样。

甲：是呀。

乙：如果把他们连在一起，那么落得快的物体会被落得慢的物体拖着而减速，慢的物体会被快的物体拖着而加速，您说是吗？

甲：是的是的，完全是的，你说得对。

乙：但是，如果这是对的，那么我取一块大石头，例如它下落的速度为8，再取一块小石头，下落速度为4，将它们拴在一起，小的拽大的，整个系统的速度应该小于8。而两块拴在一起，按您的说法，重量比大块还要重，那么速度应该大于8，我怎么推出来，越重的物体下落越慢的结论？

甲：我完全被搞糊涂了，说实在的，这完全超出了我的理解力，真是后生可畏啊！

乙：您可别这样说，如果没有您最初的想法，哪有我们现在的想法呀，我们应该感谢您才对。

甲：说了半天，到底重的比轻的下落的快呢？还是下落的慢呀？

乙：我后来做了一些实验，从结果上看可以推断它们应该是同时落地。

丙：好了好了，两位老先生都不要说了，这项工作被史蒂芬证明了，不管物体的轻重如何，当同时落下时，总是同时到达地面。

甲、乙：那真是太好了，真是后生可畏啊！

6. 小提琴演奏：《小步舞曲》

主持人：科学和艺术似乎是两个主题，而科学家却认为它们是异形同体，李振道常常邀请画家为科学作画，爱因斯坦对小提琴有着深情厚谊。请听小提琴独奏《小步舞曲》。

（内容略）

7. 小品：《共振》

主持人：科学来自普通的生活，却又通向遥远的神秘。当科学家给你讲解物理时，肯定会引起你学习物理的几分情趣。请看小品《共振》。

人物：4人，吴有训（清华大学教授）、初二学生甲（王宇饰）、乙（李思饰）、丙（张太空饰）

场景：某中学大教室

### 第一幕：校园内

王宇：李思、张太空你们听说没有，今天来给咱们讲课的是谁？

李思：谁呀？

王宇：物理老师跟我讲，是清华大学著名教授吴有训，他还是钱三强、李政道的老师呢！

张太空：那可真棒呀，我在一本故事书里就看到了他给大学生讲共振的故事，就用几节干电池。

王宇：听物理老师说，他今天来给我们做科学报告，也要演示一下这个实验。

李思：哎呀，真棒，看他们来了，咱们赶快进教室吧。

### 第二幕：教室内

（大家在教室里坐好，等着上课，吴有训走进来）

吴：同学们好，今天我很高兴能来顺义八中给大家讲课，今天学校领导要我讲一讲如何学好物理学的问题。物理老师要我把70多年前做过的一个共振实验给大家演示一下，让我一定满足他们的要求。今天有什么不懂的问题随时可以提出来。好，下面我就给大家讲一下，今天我要讲四个问题，第一方面就是要学好物理就应该从观察做起，大家都想看我给清华学生做的实验，咱们就从这个实验谈起。(教室内拴一根大绳子，上面挂一些电池) 我在这里拴一根绳子，并在上面吊一些电池，其中有一个是大的。当我把这个大的摆动起来的时候，大家看看有什么现象 (1) 其他的电池是否摆动？(2) 如果动的话，它们各自的情况有什么不同？请同学们描述一下。(同学们举手)

　　甲：我看到其他电池随后也摆动起来，而且摆动是有规律的，第一个传给第二个，接着又传给第三个，……

　　吴：说得很好，观察得很仔细，将来一定能学好物理。

　　乙：吴先生。您也没推动后面的几节电池，它们为什么也动呢？

　　吴：问得很好，这些同学对于观察到的现象能认真思考、提出问题，很好。谁能解释这个现象，你自己怎么认为的就怎么说，说错了没关系。

　　丙：吴先生，我发现第一个电池摆动时，绳子也一扭一扭的，是不是扭起来的绳子带动后面电池摆动的？剩下的我就不知道了，还是您说一下吧。

　　吴：说得很好，第一个电池摆动以后，也会带动第二个电池摆动。由于第一个电池不断地扭动绳子，也就会给第二个电池一个扭动的力，使第二个电池越摆越大，而第一个电池越摆越小，这就是一种共振现象，有些知识我们要到高中才能学到。

　　我今天要讲怎么样才能学好物理，其实第三位同学已经告诉大家了，也就是要善于观察，敢于提出不同的问题，敢于猜想和分析问题。

　　甲：吴先生。您在大学里做的实验就用几节电池？

　　吴：是的。可以讲我们周围处处有物理，只要你认真观察，处处可以学到物理，越是普通的东西越可能藏着深刻的道理。

　　乙：吴先生，刚才您说的例子是共振现象，那您今天讲的课引起了我们学习的兴趣，这是不是一种共振呢？

吴：也可以说吧。那就不是物理上的共振了，应该是心理上的共振。如果这样的话，你提出来的问题也激发了我讲物理的更大的热情，也算是一次巨大的共振吧。咱们八中的同学真是了不起呀，将来一定会大有作为，我衷心希望大家能到清华大学去学习！

甲、乙、丙：谢谢吴先生！

甲：去清华大学读书，同学有没有信心？

全体同学：有！

8. 故事：《"两弹元勋"邓稼先》

主持人：1964年我国第一颗原子弹爆炸成功，1967年我国的第一颗氢弹也冒出了巨大蘑菇云。在这当中有多少人隐姓埋名洒下辛勤的汗水，又有多少人为国争气，打出了新中国的威风，请听故事——《"两弹元勋"邓稼先》。

（内容略）

9. 相声：《我也想当科学家》

主持人：科学是多么神圣，科学家是多么无上荣光！有的人一直做着科学梦，他为了什么？请听相声——《我也想当科学家》。

（表演者上场）

甲：我们二位向大家自我介绍一下，我姓梅，叫梅长兴。

乙：哦，我明白了，叫没常性，我跟他差不多，我姓郝，叫郝作蒙。

甲：哦，好做梦。我们二位今天看到大家在这里开这么隆重的大会，还有很多专家在这里，我们也谈谈我们的理想。

乙：对，谈谈我们的鸿鹄大志，那你先谈谈吧。

甲：我先说，最近我听说那个诺贝尔又发奖了。

乙：什么诺贝尔发奖，那是颁发诺贝尔奖。

甲：我听说给20万美元，值人民币200万呀。

乙：别瞧，这位手指头掰得不好，可对钱还挺熟。

甲：所以我也想当个物理学家什么的，每年弄它200万，倒也省事，挣这钱显得文明。

甲：谁为挣钱去的呀，那我问你，你能研究出什么成果呀？

甲：这还不好说，那阿基米德不就在澡盆坐了一会吗？牛顿不就挨苹果砸一下吗？富兰克林放放风筝，连玩带干就出了成果，居里夫人弄弄铀就发现新东西。

乙：那你没在水里待过？

甲：待过，我还经常游泳呢！

乙：那你怎么没出成果呢？

甲：说的也是呀，怎么就没发现浮力呢？

乙：挨苹果砸了吗？

甲：砖头我都挨了，愣没觉得地球有引力。

乙：行了，行了，就算你再放十年风筝，也只知道"屁帘儿"①好飞！

甲：我怎么了？我就是没机会，我想领奖，就不知道瑞典在咱国哪块儿地方？

乙：瑞典是在咱国吗？瞧这水平，还要领奖呢！

甲：那你说我为什么不能得奖？

乙：人家科学家谁像你似的，一天到晚不想学习，总想着哪天一个接一个的兔子往树上撞。

甲：那科学家都怎么做的？

乙：怎么做的，虚心听着吧。牛顿专心研究科学，竟把怀表当作鸡蛋扔到锅里去煮；富兰克林四十岁闯入科学领域，以顽强的精神攻克了电学上许多难题；居里夫人在外求学读书时，为了御寒，把椅子压在被子上取暖。这些你行吗？

甲：别说压椅子了，晚上我妈不在身边我就害怕。

乙：瞧这出息。

甲：我还是觉得当科学家能挣钱。

乙：你以为我们科学家都爱钱，X射线的发现者伦琴，展示完他

---

① "屁帘儿"，指一种风筝的名称。

213

的 X 射线实验后，有人说要出 50 万买他的专利。伦琴淡然一笑，答道："我的发现属于所有的人。但愿我的这一发现能被全世界科学家所利用，这样它就会更好地服务于全人类。"

甲：好，有骨气。

乙：你怎么也叫起好来了？

甲：听你这么一说，我明白了要想当科学家，必须有顽强的意志、勤奋的精神，还应具有高尚的品质，应该热爱科学，献身科学，从我做起，从现在做起，把握今天的时光，搞好今天的学习，一步一个脚印，一步一个阶梯，把困难当作成功的机遇，把障碍当作腾飞的阶梯，将来一定大展宏图，为中华民族争气！

乙：行啊，你不傻呀！

甲：你才傻呢！

乙：那你刚才干什么来的？

甲：对傻人我能欺负吗？

乙：啊？

10. 合唱：《飞奔吧，科学的航船！》

（男女主持人上台）

男：波涛闪烁着光，浪花放声歌唱。

女：飞奔吧，科学的航船！满载着我们的理想，让知识飞奔，让科学飞奔！

合：让我们大家唱一曲——《飞奔吧，科学的航船！》

（内容略）

出 版 人　所广一
项目统筹　闫　景　谭文明
责任编辑　谭文明
版式设计　孙欢欢
责任校对　贾静芳
责任印制　叶小峰

**图书在版编目（CIP）数据**

难物理中走出来的活教育：梁学军教育思想研究 /
刘义国，孙丹著 . —北京：教育科学出版社，2015.9（2016.7 重印）
　（特级教师研究书系/鱼霞主编）
　ISBN 978-7-5041-9809-9

　Ⅰ.①难… Ⅱ.①刘… ②孙… Ⅲ.①梁学军—教育
思想—研究②中学物理课—教学研究 Ⅳ.①G40-092.7
②G633.72

中国版本图书馆 CIP 数据核字（2015）第 167788 号

特级教师研究书系
难物理中走出来的活教育——梁学军教育思想研究
NAN WULI ZHONG ZOUCHULAI DE HUO JIAOYU——LIANGXUEJUN JIAOYU SIXIANG YANJIU

| | | | | |
|---|---|---|---|---|
| 出版发行 | 教育科学出版社 | | | |
| 社　　址 | 北京·朝阳区安慧北里安园甲 9 号 | 市场部电话 | 010-64989009 |
| 邮　　编 | 100101 | 编辑部电话 | 010-64981277 |
| 传　　真 | 010-64891796 | 网　　址 | http://www.esph.com.cn |
| 经　　销 | 各地新华书店 | | |
| 制　　作 | 北京金奥都图文制作中心 | | |
| 印　　刷 | 北京易丰印捷科技股份有限公司 | | |
| 开　　本 | 169 毫米×239 毫米　16 开 | 版　　次 | 2015 年 9 月第 1 版 |
| 印　　张 | 14.25 | 印　　次 | 2016 年 7 月第 2 次印刷 |
| 字　　数 | 198 千 | 定　　价 | 36.00 元 |

如有印装质量问题，请到所购图书销售部门联系调换。